cicune.org

Rodulfo González

# LA DIASPORA
## EN EL SOCIALISMO DEL SIGLO XXI
### (III)

Isla de Margarita, Estado Nueva Esparta, Venezuela,
mayo de 2023

cicune.org

Publicado por primera vez por Aussie Trading 2024

Copyright © 2024 por Rodulfo González

Reservados todos los derechos.

Ninguna parte de esta publicación puede ser reproducida, almacenada o transmitida en cualquier forma o por cualquier medio, electrónico, mecánico, fotocopiar, grabar, escanear o de otro modo sin permiso por escrito del editor. Es ilegal copiar este libro, publicarlo en un sitio web o distribuirlo por cualquier otro medio sin permiso.

Rodulfo González no tiene ninguna responsabilidad por la persistencia o exactitud de URL de sitios web de Internet externos o de terceros a los que se hace referencia en esta publicación y no garantiza que el contenido de dichos sitios web sea, o permanecerá, exacta o apropiada.

Las denominaciones utilizadas por las empresas para distinguir sus productos suelen ser reclamados como marcas comerciales. Todas las marcas y nombres de productos utilizados en este libro y en su portada, nombres comerciales, marcas de servicio, marcas registradas son marcas registradas de sus respectivos propietarios. Los editores y el libro no están asociados con ningún producto o proveedor mencionado en este libro. Ninguna de las empresas u organizaciones a las que se hace referencia en el libro lo han respaldado.

Catálogo de la Biblioteca del Congreso

Nombre: Rodulfo González, 1935-

ISBN: 9798330403943 (paperback) | ISBN: 9798330403950 (e-book)

Primera edición

Diagramación de Juan Rodulfo

Arte de portada por Valeria Magallanes

Producción: CENTRO DE INVESTIGACIONES CULTURALES DEL ESTADO NUEVA ESPARTA (CICUNE)

cicune@gmail.com

Impreso en EE. UU.

cicune.org

cicune.org

# Contenido

EN PERÚ VENDEN LENCERÍA CON COMENTARIOS XENOFÓBICOS CONTRA VENEZOLANAS ............. 11

VENEZOLANAS VÍCTIMAS DE LA EXPLOTACIÓN SEXUAL EN PERÚ.................................................. 13

LA PRENSA CHICHA PROMUEVE EN PERÚ LA XENOFOBIA CONTRA VENEZOLANOS................... 15

CRIMINALIZACIÓN DE VENEZOLANOS EN PERÚ ................................................................................ 19

ORGANIZACIONES DE VENEZOLANOS EN EL EXTERIOR ................................................................ 31

LA DIÁSPORA VENEZOLANA, LA HEMORRAGIA DE UNA NACIÓN ................................................... 43

EL INFORME DE AMNISTÍA INTERNACIONAL....47

EL GOBIERNO PERUANO CREÓ BRIGADA POLICIAL CONTRA MIGRANTES.......................... 49

NO ES XENOFOBIA, ES APOROFOBIA ................. 55

VEJAN A LOS VENEZOLANOS DEL PLAN VUELTA A LA PATRIA ........................................................ 63

XENOFOBIA E IMPUNIDAD EN ECUADOR.......... 83

LA HISTORIA DE LOS MIGRANTES VENEZOLANOS CON PLASTILINA.................................................. 89

CAMINANTES DE LA MISERIA .............................. 95

LA GUERRA DEL NARCODICTADOR CONTRA LOS RETORNADOS........................................................ 101

INSULTO A REPARTIDOR VENEZOLANO EN LIMA .................................................................................. 107

cicune.org

EXPULSAN A NIÑOS MIGRANTES DE TRINIDAD Y TOBAGO ................................................................. 111

TAPABOCAS INSPIRADOS EN SUS HISTORIAS .. 115

MIGRANTE VENEZOLANA ABUSADA SEXUALMENTE EN ARGENTINA ........................ 117

MIGRANTE AGREDIDA BRUTALMENTE EN ECUADOR ............................................................. 123

EXPULSADOS DE CHILE ....................................... 125

XENOFOBIA ............................................................. 129

PANFLETOS CONTRA VENEZOLANOS EN BOGOTÁ ................................................................................. 137

LA DENUNCIA DE UNA DIRIGENTE DE PRIMERO JUSTICIA .................................................................. 141

XENOFOBIA Y APOROFOBIA CONTRA MIGRANTES VENEZOLANOS EN PERÚ ...................................... 145

ESCLAVAS SEXUALES EN TRINIDAD Y TOBAGO ................................................................................. 149

CUMPLIMIENTO DE UN SUEÑO EN BUENOS AIRES ....................................................................... 155

EL CUATRO LLEGÓ A PERÚ ................................ 161

MIGRANTES DEL SECTOR SALUD FUNDAMENTALES PARA ATENDER LA PANDEMIA EN LATINOÁMERICA ............................................... 167

EL NARCODICTADOR NICOLÁS MADURO ES CULPABLE DE LA DIÁSPORA ............................. 169

UN VENEZOLANO EN MÉXICO ELABORA TORTAS INSPIRADAS EN PELÍCULAS FAMOSAS ............. 171

cicune.org

MIL QUINIENTOS MILLONES DE DÓLARES PARA MIGRANTES VENEZOLANOS ................................. 177

UNA PROFESORA VENEZOLANA ENSEÑA MATEMÁTICA EN LA TELEVISIÓN ARGENTINA ................................................................................ 183

NIÑOS MIGRANTES VENEZOLANOS PARTICIPAN EN EL CARNAVAL DE BARRANQUILLA ............. 185

UN EDITORIAL DE EL NACIONAL SOBRE LA MIGRACIÓN ........................................................... 189

MIGRANTES VISIBLES E INVISIBLES EN PERÚ 193

DELCY RODRÍGUEZ CONSIDERA UNA AMENAZA PARA EL PAÍS EL REGRESO DE MIGRANTES ..... 199

EL AUTOR ................................................................. 201

   Otras publicaciones del Autor ............................ 211

      Añoranza y otros poemas ................................. 211

      Festividades Patronales del Estado Nueva Esparta ................................................................................ 211

      La Corrupción en el Socialismo del Siglo XXI .. 212

cicune.org

## EN PERÚ VENDEN LENCERÍA CON COMENTARIOS XENOFÓBICOS CONTRA VENEZOLANAS

El 27 de diciembre de 2019 Jesús Paz García, del diario La Verdad, de Maracaibo, reportó que "Usuarios en Twitter mostraron su indignación por la acción de un comercio peruano que vende ropa interior ofreciendo a las venezolanas, a las cuales, además, menciona como venecas.

Y continuó:

-En las redes sociales se difundieron imágenes de un comercio en Perú que vende ropa interior femenina que muestra la imagen de mujeres venezolanas y comentarios xenofóbicos.

La indignación por parte de los venezolanos no tardó en pronunciarse. El reconocido periodista zuliano, Lenin Danieri, condenó el acto en su Twitter publicando una de las imágenes que circula.

En efecto escribió:

-LENCERÍA MOLESTA. Este tipo de ropa interior la venden en comercios de Perú. De muy mal gusto a mi parecer, no lo acepto, las mujeres en general y sin importar su país de origen, merecen respeto. Ojalá los peruanos no pasen lo que nosotros los venezolanos hoy día.

## VENEZOLANAS VÍCTIMAS DE LA EXPLOTACIÓN SEXUAL EN PERÚ

El 12 de abril de 2023 TalCual, con información de EFE, reportó:

-Datos del Ministerio Público peruano evidencian que la población venezolana pasó de no verse afectada por redes de trata de personas en 2014 a representar 85% de las víctimas extranjeras en 2022. El director ejecutivo de CHS Alternativo, Ricardo Valdés, dijo que las venezolanas corren mayor riesgo de sufrir las consecuencias de estas mafias y la explotación sexual por estereotipos como la «hipersexualización»

La fuente añadió:

-La organización no gubernamental (ONG) CHS Alternativo estimó que 85% de extranjeros víctimas de trata de personas en Perú son de nacionalidad venezolana. De acuerdo con la ONG en los últimos ocho años se produjo un aumento de 500% en la cifra de foráneos que sufrieron este delito de forma directa.

cicune.org

Mientras que en el año 2014 solo se registraron 48 víctimas extranjeras de trata de personas, en 2022 la cifra llegó a 271 casos, denunció la ONG a través de un comunicado. Agregó que 18,9% de las 1.430 víctimas registradas en 2022 por la Fiscalía por el delito de trata de personas, son extranjeras, es decir 271 personas.

Ricardo Valdés señaló igualmente que las venezolanas corren mayor riesgo de sufrir las consecuencias de la trata y la explotación sexual por estereotipos como la hipersexualización y pidió al gobierno de ese país que garantice los derechos de todas las personas. Asimismo, defendió la importancia de campañas de concienciación para combatir los estereotipos que rodean a la trata de personas.

Cabe señalar que, para la fecha, conforme a datos de la Superintendencia Nacional de Migraciones extraídos en el último año, 1.347.893 extranjeros vivían en ese país, de los cuales el 87% de esta población es venezolana, cifra que ubica a Perú como el segundo país del mundo más elegido para migrar por los cerca de 7 millones de venezolanos que se han visto obligados a abandonar la nación petrolera ante la crisis que vive.

(Para la fecha de redacción de este capítulo, ya el número de venezolanos en el exterior en calidad de migrantes se acercaba a los 8 millones)

cicune.org

## LA PRENSA CHICHA PROMUEVE EN PERÚ LA XENOFOBIA CONTRA VENEZOLANOS

El 20 de abril de 2023 la periodista Luna Perdomo, de TalCual, reportó:

-Un estudio realizado a finales de 2022 por la investigadora Laura Amaya, del Instituto de Estudios Peruanos, encontró que en este país "hay un nivel elevado de xenofobia (hacia los venezolanos)", originada por "la percepción de criminalidad del migrantes, percepción de competencia laboral, sobrecarga de los servicios públicos, entre otros.

Y agregó:

cicune.org

-El Alto Comisionado de las Naciones Unidas para los Refugiados (ACNUR) condena la cobertura que han realizado algunos medios de comunicación peruanos sobre crímenes cometidos por ciudadanos venezolanos en ese país. De la misma manera, desaprueban "cualquier tipo de crimen" y envían condolencias a las familias de las víctimas.

Por medio de la cuenta de Twitter, ACNUR recuerda que los delitos deben ser juzgados y penado en base a las leyes del país, «sea perpetrado por quién sea», pero enfatiza que «estos incidentes, que no representan a la comunidad (venezolana), no deben incitar a la discriminación.

También apuntó:

-Igualmente, el Alto Comisionado de las Naciones Unidas para los Refugiados insiste en explicar que la gran mayoría de los venezolanos, refugiados y migrantes que van a Perú, van en «busca de protección y de una mejor vida, aportando a muchos niveles al país» y hacen hincapié en que documentar brinda protección, integra y mejora la seguridad para todos.

Este mensaje lo envió ACNUR a través de varios tuits este jueves 20 de abril.

El pasado 16 de abril, el periódico Ojo de Perú dedicó una portada a los crímenes cometidos por ciudadanos venezolanos que comenzaba diciendo: "Esto no es xenofobia, es la verdad" y daba paso al siguiente titular: "8301 delitos involucran a venezolanos", donde además se detallaba que las faltas eran robos a mano armada, robos de carros y ataques a transeúntes; acompañado de una cita del canciller de ese país, Luis Gonzales Posada, que decía: "Miles entraron sin requisitos y estamos pagando las consecuencias".

Más adelante, citando nuevamente a Laura

Amaya, indicó que su investigación también destaca que la xenofobia está ligada en buena medida a las características que los peruanos atribuyen a los venezolanos: "Son percibidos como impulsivos, irrespetuosos, malcriados, agresivos y escandalosos. De hecho, se les considera en su mayoría personas ociosas, a las que les gusta la vida fácil y que buscan sacar provecho de la situación siempre que les sea posible".

-Este mismo estudio –precisó- sostiene que reducir la xenofobia no es una tarea sencilla, pero explica que se debe trabajar en políticas públicas que contribuyan a la reducción de los prejuicios hacia los venezolanos, considerar a los venezolanos en el Plan

Nacional de Derechos Humanos como población vulnerable y como un grupo propenso a ser víctima de episodios de discriminación y xenofobia, entre otras medidas.

## CRIMINALIZACIÓN DE VENEZOLANOS EN PERÚ

El 25 de abril de 2023 el portal 800 Noticias, con información de EFE, reportó:

-El representante de ACNUR en Perú, Federico Agusti, alertó que se ha producido un incremento de los discursos de criminalización esgrimidos contra los migrantes venezolanos que viven en el país andino, una circunstancia que han constatado en distintos ámbitos.

En una entrevista con dicha agencia internacional de noticias el vocero de ACNUR expresó:

En los medios hemos escuchado en los últimos días una sobrexposición del tema de la criminalidad (cometida por venezolanos). Criminalizar la migración es un problema y en eso creo que hay una enorme distorsión. Cuando uno va a la frontera no ve a criminales cruzando la frontera, uno ve familias, ve una mujer con un niño en brazos, una persona con una mochila que es todo lo que tiene.

cicune.org

En este sentido, aseguró que lo que es un crimen es tratar de trasladar la imagen de unos pocos y llevarla a toda la comunidad de migrantes.

Igualmente explicó que han advertido un incremento de los discursos criminalizadores contra los venezolanos en redes sociales, donde se viene observando fuerte.

En consecuencia, formuló un llamado a los medios a ser muy responsables en el uso de la información, porque "se genera una percepción que no es la adecuada y esa percepción termina convirtiéndose en discriminación.

Con respecto a las cifras de criminalidad venezolana, comentó que en el sistema penitenciario hay actualmente cerca de 2.400 venezolanos de un total de cerca de 100.000 reos, lo que supone cerca del 2 % de la población penitenciaria en Perú.

-Cuando lo contrastas con la percepción, -concluyó- parece que fuera la mayoría, pero esos 2.400 representan el 0,1 % de la población venezolana (en Perú). No se puede, por ese 0,1 %, tener un impacto sobre la gran mayoría.

Estas cifras desmienten la alta participación de los venezolanos en Perú divulgadas por la prensa sensacionalista o chicha de ese país, con información de las autoridades.

El 25 de abril de 2023 el portal La Patilla reportó al respecto:

-Perú –precisó- es el segundo país con el mayor número de ciudadanos venezolanos residentes y refugiados a diciembre del 2022 con 1 millón 499 mil 190 personas, según la plataforma R4V de Naciones Unidas. El acumulado de venezolanos denunciados hasta esa fecha en el Sistema Informático de Registro de Denuncias Policiales del país era de 2.492, lo que deja en evidencia la baja participación de los venezolanos en actos al margen de la ley, a pesar de la imagen que se quiere imponer en la opinión pública.

Sin embargo, esto no resta importancia a los casos registrados en las últimas semanas en los que la nacionalidad ha sido la protagonista para medios de comunicación por encima del propio hecho al margen de la ley.

**La frase**
Por: Alberto Ravell

**Maduro es culpable de la tragedia de los migrantes venezolanos.**

Luego precisó:

-Maholy Sánchez, criminóloga y supervisora de Gobernanza Migratoria de la ONG VeneActiva, dijo que antes de tomar un juicio debemos recordar que las personas denunciadas están amparadas por la presunción de inocencia y deben ser sometidas al debido proceso para determinar su responsabilidad.

La especialista señaló también:

-Lamentablemente lo que logra este tipo de acciones es una mediatización y reforzamiento a la construcción social de un "otros" dirigido justamente a crear un perfil de miedo hacia la población venezolana

cicune.org

y, específicamente, a esa comunidad porque se busca hacer una asociación entre extranjero y delincuencia, donde extranjero sea sinónimo de venezolano, dejando de lado los grandes pasos que se han realizado desde diferentes niveles de gobernanza en integración y convivencia pacífica que se han establecido en Perú.

800 Noticias destacó luego:

-La periodista e investigadora de la Pontificia Universidad Católica del Perú (PUCP), Hildegard Willer, explicó que criminalizar a los migrantes en un determinado tiempo o espacio no es un hecho que ocurre solamente en Perú.

En el caso local detalló que, para los medios de comunicación, "el enfoque de derechos y movilidad humanos no vende". Además, precisó que la denominada "crónica roja" en la que se ve involucrado a ciudadanos venezolanos como victimarios o infractor de la ley es lo que predomina en noticieros de medios tradicionales.

La periodista y coautora del estudio "Percepción pública respecto a las personas venezolanas en el espejo de los medios de comunicación en el Perú" de 2021 recomienda que la nacionalidad de los delincuentes no es un dato sustantivo para nutrir el contenido noticioso. Además, destacó la importancia de dar contexto a las cifras que se vayan a compartir. "Esto significa también recurrir a más fuentes y, sobre todo, muy pocas veces he visto a voces venezolanas mismas en las notas, ya sea como expertos o como afectados o como ciudadanos, por ejemplo", reflexiona.

cicune.org

Por otro lado, en medio de la campaña de criminalización hacia la comunidad venezolana se han dejado colar algunas voces que recuerdan que los hechos delictivos son de responsabilidad personal y no son motivos para cuestionar a todo un grupo.

En efecto, el presidente del Congreso de ese país, José William, afirmó:

-No podemos generalizar con todos. Hay muy buenos venezolanos y colombianos que trabajan en Perú, que trabajan para bien, para ayudar a sus familias; pero creo yo que el delincuente debe ser castigado con todo el peso de la ley. No queremos delincuentes a ellos los debemos capturar, detenerlos, encarcelarlos o botarlos. No necesitamos delincuentes que vengan a fastidiar.

Y Cinthia Marache, madre de Katherine Gómez, la joven que murió quemada en manos de su expareja, Sergio Tarache, pidió justicia por lo ocurrido y se mostró contraria a rechazar a la comunidad migrante que hay en su país.

El 26 de abril de 2023 Franklin Briceño, de AP NEWS, reportó:

-LIMA (AP) — La presidenta peruana, Dina Boluarte, relacionó el miércoles en unas declaraciones la llegada y presencia en el país de migrantes venezolanos y haitianos con la inseguridad ciudadana. Son "lamentablemente los que están cometiendo estos actos delincuenciales", dijo en referencia a 800.000 extranjeros que llegaron al país en la etapa de gobierno de Pedro Kuczynski.

cicune.org

Anunció también plazos que los migrantes regularicen sus documentos y ordenó que los militares acudan a las fronteras para reforzar el control migratorio junto con la policía.

La fuente apuntó después:

-Las declaraciones de Boluarte concurren con un ambiente de preocupación por la inseguridad ciudadana y por la llegada de extranjeros indocumentados —incluidos venezolanos, colombianos y haitianos— quienes buscan ingresar a Perú procedentes de Chile donde aumentaron los controles migratorios. Los migrantes, entre ellos mujeres y niños, están en medio de una vía que une las fronteras de Chile y Perú.

Boluarte dijo en conferencia de prensa que cuando se mencionan los temas de migración e inseguridad ciudadana, aun siendo dos temas diferentes, se debe "hablar casi al unísono".

Argumentó que durante el gobierno del expresidente Pedro Kuczynski (2016-2018) se permitió "el ingreso libre a todo aquel ciudadano que quisiera entrar" y que en ese tiempo entraron 800.000 venezolanos y otros tantos haitianos que son "lamentablemente los que están cometiendo estos actos delincuenciales".

La mandataria peruana recordó que la prensa radial, escrita y televisiva "emite todos los días que quienes cometen a diario asaltos y robos y demás actos delincuenciales son extranjeros".

cicune.org

Añadió que las medidas que toma su gobierno pretenden proteger a los peruanos de la delincuencia que "estos extranjeros en su calidad de inmigrantes cometen en territorio nacional".

Posteriormente apuntó:

-El tema migratorio dominó gran parte de la agenda local desde que el municipio de Lima prohibiera el oficio de limpiavidrios, luego de que a inicios de abril un venezolano que realizaba este oficio matara a un peruano al clavarle la hoja de una tijera en el corazón. También la policía detuvo decenas de venezolanos por ser sospechosos de integrar una organización delictiva.

En 2021, la Pontificia Universidad Católica de Perú realizó un estudio llamado "la percepción pública respecto a las personas venezolanas en el espejo de los medios de comunicación". Tras analizar 380 notas periodísticas, halló que 80% del contenido caracterizaba negativamente a migrantes venezolanos.

Además, la oficina en Perú de la agencia de Naciones Unidas para los refugiados (ACNUR) pidió la semana pasada que no se incite a la discriminación a los extranjeros "frente a la cobertura en medios y redes estos últimos días de delitos asociados a ciudadanos de nacionalidad venezolana", y que se sancione a quienes cometan delitos, sin importar su nacionalidad, e insistió que esos incidentes "no representan a la comunidad" y no deben "incitar a la discriminación".

Asimismo, recordó que la mayoría de los venezolanos trabajan e impulsan la economía de Perú, según datos oficiales.

-La presidenta peruana, Dina Boluarte, da una conferencia de prensa en el palacio de gobierno en Lima, Perú, el viernes 10 de febrero de 2023. Boluarte hizo unas declaraciones el miércoles 26 de abril de 2023 en las que relacionaba migración con inseguridad y atribuía a migrantes actos delictivos.

El 27 del mismo mes y año el portal 800 Noticias, con información de la agencia EFE, se refirió a la criminalización venezolana en Perú y acusó a la presidente Dina Boluarte de sumarse al discurso criminalizador de los venezolanos al culpar a los migrantes de nuestro país de la delincuencia peruana, un señalamiento que los datos no sostienen, pero que no ha generado críticas, sino apoyos entre los peruanos.

Luego indicó:

-Según los datos de la ONU, los refugiados y migrantes de Venezuela que han llegado a Perú "son una población mayoritariamente joven, en edad de trabajar, con un nivel educativo superior en promedio al de la población local y dispuesta a recolocarse en otras ciudades o regiones del país por motivos laborales".

Y agregó que conforme a datos difundidos por la ONU y basados en un estudio de la Cámara Empresarial Venezolana Peruana (Cavenpe) y la fundación Konrad-Adenauer-Stiftung (KAS) los venezolanos contribuyeron con el 0,02 % del PIB peruano en 2020.

-El mismo documento de Naciones Unidas – explicó- muestra que, en impuestos relacionados al consumo, la migración venezolana generó ingresos para el fisco peruano por unos 88,3 millones de dólares.

Además, si los profesionales calificados que han llegado de Venezuela hubiesen estudiado en Perú, desarrollar este capital humano habría costado al Estado alrededor de 13.000 millones de soles (unos 3.500 millones de dólares), según el estudio Cavenpe-KAS citado por la ONU.

Respecto a los niveles de educación de los migrantes venezolanos señaló que la última Encuesta a Población Venezolana residente en el Perú (Enpove 2022), realizada por el Instituto Nacional de Estadística e Informática (INEI) y citado también por la ONU, señaló que el 31,8 % de los mayores de edad venezolanos tiene estudios de educación superior (universitarios y/o superiores técnicos) terminados.

-Entre ellos, -apuntó- hay profesionales del área de ingeniería, industria y construcción (22,9 %), educadores (19 %) y administradores de empresas

(16,7 %). Estos venezolanos, siempre según la ONU, "podrían ayudar a cerrar la brecha de profesionales requeridos en las diferentes regiones del país y contribuir en mayor medida al desarrollo económico sostenible del Perú".

Sobre el particular la agencia EFE señaló:

-Me ha parado la policía porque hay venezolanos que están haciendo lo malo», explicaba esta semana a EFE un ciudadano del país caribeño. Trabajador, como muchos, de los servicios de reparto a domicilio, que junto con los taxis por aplicación funcionan esencialmente gracias a los venezolanos, ha percibido el incremento de los controles por parte de las autoridades.

La razón, el gran impacto social que han tenido en Perú distintos crímenes cometidos por venezolanos y cuya cobertura por parte de los medios es constante y con un gran despliegue informativo.

Al respecto, el representante del Alto Comisionado de las Naciones Unidas para los Refugiados (ACNUR) en Perú, Federico Agusti, advirtió a la misma fuente que "recientemente se había visto un aumento en los discursos de criminalización hacia los migrantes venezolanos e hizo un llamado "a los medios a ser muy responsables en el uso de la información".

La misma fuente reveló que según datos detallados por Agusti sobre las cifras de criminalidad venezolana, "en el sistema penitenciario hay actualmente cerca de 2.400 venezolanos de un total de cerca de 100.000 reos", lo que supone "cerca del 2 % de la población penitenciaria en Perú.

El vocero de ACNUR remarcó también que "Cuando lo contrastas con la percepción, parece que fuera la mayoría, pero esos 2.400 representan el 0,1 % de la población venezolana (en Perú)". Y "No se puede, por ese 0,1 %, tener un impacto sobre la gran mayoría".

Igualmente apuntó que "Sin embargo, la percepción que se tiene en Perú sobre la población venezolana sigue empeorando, utilizando como gasolina discursos de criminalización como el esgrimido por la presidente Dina Boluarte, unas palabras pronunciadas por la responsable política última de policías y militares que pueden tener un impacto directo sobre 1,5 millones de personas que, desesperados, abandonaron su país en busca de un futuro mejor".

## ORGANIZACIONES DE VENEZOLANOS EN EL EXTERIOR

Cual lo hicieran en nuestro país los migrantes de Colombia, Uruguay, Italia, España, Portugal y de otras nacionalidades, los venezolanos que han migrado al exterior se han organizado en los países de acogida para conservar sus valores culturales, integrarse en comunidades y prestar asistencia a los recién llegados e igualmente a los ya instalados en materia jurídica, laboral, económica, educativa y defensa de sus derechos electorales garantizados en la Constitución encontrándose en el exterior.

En Ecuador, se creó la Asociación Civil Venezuela en Ecuador con la única intención de agrupar a los venezolanos en condición de Movilidad Humana y que han escogido a dicha nación como su nuevo país de residencia.

Está integrada por venezolanos y ecuatorianos y facilita, orienta y promueve la adaptación en el marco social, legal, laboral, profesional, sanitario, educativo, psicológico y recreacional en pro de la integración entre ambos países, centrando su atención primordial a niños, niñas y adolescentes, personas con discapacidad, tercera edad y personas en situación de movilidad humana entre otras aceptadas por el ordenamiento jurídico territorial.

Tiene presencia en Quito, Guayaquil, Cuenca y Manabí.

Su directorio está integrado por Daniel Regalado, presidente; María Teresa Rosales, vicepresidente, fundadora; Tadil de Álvarez, secretaria, fundadora y Christian Soto Lira, fundador.

Sus promotores han expresado:

-Conocemos perfectamente la situación de nuestra amada Venezuela y entendiendo lo que implica la adaptación a una nueva cultura, costumbres y gentilicio intentamos con nuestra asociación mantener la fraternidad que nos caracteriza, dar a conocer las costumbres y gastronomía propia de las distintas regiones de Venezuela y aportar a Ecuador lo mejor que tenemos como personas, profesionales y emprendimientos.

Agradecemos el apoyo recibido de quienes han confiado en nosotros para dar este paso tan importante; del mismo modo, invitamos a todos los hermanos de buena voluntad que deseen acompañarnos en este caminar, a incorporarse, así tengan un día o muchos años en Ecuador, siempre y cuando tengan la intención de quedarse a hacer su nueva vida en este país.

Y agregan:

-Lo que comenzó como un sueño ya es una realidad, la Asociación Civil Venezuela en Ecuador tiene personalidad jurídica, acreditada por el MIES con la resolución Nro. 00050, también contamos con el RUC: 17927982211001 ofreciendo un estatuto social legal, para participar en las diferentes actividades sociales licitas en este país pujante y en crecimiento que nos ha abierto las puertas.

La Asociación Venezolana en Chile, ASOVENCHILE, es una organización civil y sin fines de lucro constituida en conformidad a la ley 20.500 el 24 de marzo de 2018, que aglutina a diversos movimientos sociales, grupos y gremios que se desarrollan en la comunidad venezolana.

Presta asistencia a personas venezolanas.

En México se fundó en 2017 VENEMEX una Asociación Civil sin fines de lucro fundada en 2017 por un grupo de profesionales venezolanos y mexicanos, con la misión de apoyar y asesorar a la comunidad venezolana, promoviendo y facilitando su integración y bienestar, contribuyendo a mejorar su calidad de vida.

En ese país, en 2018 nació la asociación Venezolanas Globales, con el fin de poder conectar a todas las venezolanas que han tenido que migrar en busca de mejores oportunidades con un objetivo común, que es triunfar.

En la capital paraguaya, Asunción, fue creada la Asociación Civil de venezolanos en Paraguay, sin fines de lucro, que tiene como fin lograr la integración, proyectar la cultura, asesorar y asistir en temas de ayudas humanitarias en sector de alimentos, salud física y mental, acompañamiento y padrinazgo de emprendedores, así como otras funciones y objetivos derivados de los estatutos y registro civil y legal de la misma.

La Asociación Central de venezolanos en Colombia es una entidad sin fines de lucro que busca apoyar al venezolano en Colombia y mejorar su calidad de vida.

Además, pretende mantener las raíces venezolanas, su folklore, música y culinaria, para transmitirlos a la descendencia de ese país. Promueve la integración entre venezolanos y colombianos.

Nació a finales de 2019.

En Lima, funciona la ONG Unión Venezolana en Perú, presidida por Óscar Pérez.

Genera oportunidades para la población migrante-refugiada venezolana en Perú y la comunidad de acogida.

Igualmente se dedica a trabajar por la integración socioeconómica de los migrantes y refugiados venezolanos en ese país.

La Asociación Casa Venezuela, ASOCAVEN, es una organización de voluntarios creada para apoyar e impulsar el talento venezolano en España, pero, sobre todo, para ayudar en la integración de los venezolanos en la sociedad española.

No tiene fines y sus integrantes están comprometidos a trabajar para consolidar los siguientes objetivos:

-Construir una sólida red de venezolanos en España.

Crear un punto de encuentro y al mismo tiempo una comunidad de apertura y networking entre los venezolanos.

Organizar y promover eventos que integren a los venezolanos y que den continuidad a las tradiciones venezolanas.

Promover soluciones y servicios a los más necesitados.

Contribuir al empleo, los negocios y al tejido profesional de venezolanos en España.

Nació en 1991 en Barcelona.

Su directorio está conformado por Vanessa Sánchez, presidente; Pedro Rojas, Vicepresidente; Ivanel Pérez, secretaria; Antonio Rengifo, tesorero, y los vocales Caro Conejo, Iván Pérez y Jorge Gando.

En esta ciudad también existen la Asociación Salud para Venezuela de Barcelona y la Asociación Hispano Venezolana de Intercambio Cultural (HISPAVEN) de Barcelona.

En España asimismo hacen vida igualmente la Asociación de Venezolanos en Vigo que busca integrar a toda la comunidad de venezolanos que residen en esa ciudad, con la intención de colaborar y fomentar nuestras costumbres; la Asociación de Venezolanos en Pontevedra; y Tierra de Gracia Asociación Venezolana en Bilbao.

El 17 de septiembre de 2021 Dimitriff Duarte hizo en la Web un listado de las asociaciones venezolanas en España, las que calificó como organismos que tienen como objetivo ayudar y apoyar a la enorme comunidad venezolana que existe en ese país y, de igual modo, dar una respuesta a las innumerables preguntas y necesidades de los inmigrantes que cada día llegan a España: trámites legales, proceso de asilo, ONGs de ayudas humanitarias, escolarización de menores, etc.

En efecto, a las anteriormente citadas, añadió la Asociación de Venezolanos en Córdoba (ASOVENCOR); la Asociación de Venezolanos en Cádiz (AVEC); la Asociación de Venezolanos Amigos del Mundo (AVAM) en Granada; la Asociación de Venezolanos Salto Ángel de Huelva (AVSAH); la Asociación Venezolanos en Marbella (Venemar); Amigos venezolanos en Sevilla (Avensev); Asociaciones de Venezolanos en Andalucía; Asociaciones de Venezolanos en Aragón; Asociaciones de Venezolanos en Asturias; Asociaciones de Venezolanos en Islas Baleares; la Unión Canario Venezolana (UCVE), Asociación Casa Venezuela de Canarias y Casa de Venezuela en Canarias; la

Asociación Sociocultural Venezolanos Unidos de la Mano (Lanzarote); Asociación Socio Cultural Venezolano Canaria Salto Ángel (La Palma); la Asociación Solidaridad Venezuela de Cantabria (ASOLVECAN); la Asociación de Venezolanos en Valladolid; la Asociación de Venezolanos en Soria; la Asociación de Mujeres Venezolanas Españolas en Alicante (AMASVE); la Asociación Venezolana de Alicante (AVA); la Asociación Venezolanos en Valencia (VENENVAL); la Asociación de Venezolanos en Pontevedra (ASOVEDRA) ; la Hermandad Venezolana de Galicia A Coruña (HEVEGA); la Asociación Sociocultural de Venezolanos en Santiago de Compostela (AVESANTI); la Asociación de Venezolanos en Lugo (VENELUGO); la Asociación de Venezolanos en La Rioja (AVELAR); la Asociación Socio Cultural de Venezolanos en La Rioja Alma Venezuela; la Asociación Manantial de Corazones (AMCO), Madrid; la Fundación Código Venezuela, Madrid; la Asociación Civil Paúl Venezuela (San Sebastián de los Reyes); la Asociación ONG Una Medicina Para Venezuela, Madrid; la Asociación Venezolana de la Región de Murcia (AVEMUR); la Asociación de Venezolanos en Navarra (ASVENA); la Asociación de Venezolanos en Guipúzcoa (ASOVENGUI) y la Asociación de Venezolanos en Álava (ASOVENALA).

En Estados Unidos funcionan:

-La Asociación Venezolana-americana de Utah (AVAU) es una organización sin fines de lucro cuyo propósito es proporcionar servicios de caridad y recursos que apoyan a la comunidad venezolana y promover la cultura venezolana en Utah. Esta misión se cumple a través de programas comunitarios y otras iniciativas ciudadanas encaminadas a mejorar la vida de todos los venezolanos, en el estado de Utah. Esta es una organización de voluntarios cuyos miembros trabajan en beneficio de la comunidad venezolana en Utah sin pedir ninguna remuneración.

El Caucus Venezolano Americano (VAC), del cual Daniel Castropé, de Diario Las Américas, reportó el 6 de diciembre de 2021:

MIAMI. - Más de 500 emigrados de Venezuela hasta el momento se han unido para conformar el Caucus Venezolano Americano (VAC), una organización que busca "mejorar la vida de los venezolanos en nuestro país, Estados Unidos y donde quiera que se encuentren".

Y agregó:

-La directora ejecutiva del VAC, Adelys Ferro, resaltó en diálogo con DIARIO LAS AMÉRICAS que, dentro de la asociación, cuyo lanzamiento oficial se realizó el viernes 3 de diciembre en la ciudad de Davie, se encuentran venezolanos americanos, algunos con TPS (Estatus de Protección Temporal), asilo político o visa de trabajo.

En ese país igualmente fue creada la Asociación de Periodistas Venezolanos en el Extranjero (Apevex), sobre la cual la periodista reportó el 28 de junio de 2012:

-Cerca de un centenar de periodistas venezolanos radicados en los Estados Unidos han creado, el martes 26 de junio, una asociación en la ciudad de Miami, con el objetivo de contar con una organización que represente sus intereses y estimule el crecimiento profesional de sus miembros, informó El Universal.

Luego indicó:

-La Asociación de Periodistas Venezolanos en el Extranjero (Apevex), como fue bautizada la organización, es independiente del Colegio Nacional de Periodistas (CNP) de Venezuela, y busca un acercamiento con "universidades, entidades privadas y públicas para acordar programas de capacitación y organizar foros sobre temas políticos, económicos, de inmigración, deportivos y otros de especial relevancia para los miembros de la asociación", reportó el sitio web Miami Diario.

Por otro lado, la presidente del comité ejecutivo de Apevex, Sonia Osorio, anunció que la organización "les dará un respaldo de solidaridad a los colegas que estén inscritos en la asociación en momentos de crisis", de acuerdo con Diario Las Américas.

*Nota del editor: Esta historia fue publicada originalmente en el blog Periodismo en las Américas del Centro Knight, el predecesor de LatAm Journalism Review.*

En el año 1998, un grupo de venezolanos que hacía tiempo residían en la Argentina y de argentinos, que habían vivido en Venezuela muchos años y poseían lazos muy fuertes con esta tierra, propusieron la creación oficial de Asoven.

Se realizaron muchas reuniones y definieron los aspectos formales, hasta que el 8 de diciembre de 1999 fue constituida la Asociación de Venezolanos en la República Argentina, con domicilio legal en la Ciudad de Buenos Aires. Ese mismo año, la noche del 15 de diciembre, originado por las fuertes lluvias, en Caracas y el Estado Vargas se produce el Deslave del Cerro El Ávila, causando miles de muertos, desaparecidos y cuantiosos daños materiales. Asoven gestionó donaciones entre la pequeña comunidad venezolana y la sociedad argentina, para su posterior envío a Venezuela, marcando el carácter solidario de la institución.

cicune.org

El texto de la Web señaló además que los antecedentes de Asoven se remontan a hace más de 30 años, con los venezolanos que se reúnen para compartir y preservar sus costumbres como "La Casa de Venezuela", "Damas Venezolanas", "Mujeres Venezolanas" y otros más, que, entre otras cosas, realizan los festejos por el Día de la Madre, el Natalicio del Libertador, Simón Bolívar, y la tradicional Cena de Navidad.

Cabe indicar que profesionales venezolanos de la medicina, la ingeniería y otras especialidades se han agrupado.

En 2018 se creó Alianza por Venezuela, una Asociación Civil con el fin de promover acciones en defensa de los valores democráticos, los Derechos Humanos y el Estado de Derecho en Venezuela, así como el de mejorar la calidad de vida de la comunidad migrante venezolana que reside en la Argentina, con énfasis en la labor social, la búsqueda de empleo, salud integral, orientación migratoria y la integración cultural de todos aquellos a los que podemos alcanzar con nuestro trabajo.

En ese país también funciona la Asociación Civil Unión de venezolanos en Argentina (UVENAR).

El 22 de noviembre de 2022 la Organización Internacional de Migrantes (OIM) participo en el lanzamiento de la Federación de Organizaciones de la Sociedad Civil de venezolanos en la República Argentina (FOCVA), que agrupa a 28 asociaciones civiles y de profesionales de todo el país.

-Su objetivo –según una nota informativa de la OIM- es potenciar y fomentar toda actividad educativa, deportiva, cultural, de salud, migratoria, profesional, económica y todas aquellas dirigidas hacia el bienestar e integración general de la comunidad venezolana en el territorio argentino.

En Brasil, país donde hay una elevada presencia de migrantes de Venezuela, funciona la Red de Venezolanos en Brasil (REDEVEN)

Finalmente, en París se creó la Federación de Asociaciones de la Comunidad Venezolana en Francia, que realiza acciones de solidaridad y se dedica a la difusión de la cultura venezolana en dicho país, así como a la defensa y promoción de los derechos humanos en Venezuela.

## LA DIÁSPORA VENEZOLANA, LA HEMORRAGIA DE UNA NACIÓN

El 22 de enero de 2020 Froilán Barrios publicó en Noticiero Digital el texto que se reproduce a continuación:

-En el recién iniciado 2020 este tema ha sido muy citado, a medida que se multiplica la incertidumbre de un desenlace certero a la aguda e irreversible crisis de nuestro país. No en balde casi 2/3 de la población registra un familiar en el exterior. Circunstancia que origina una angustia adicional a cada hogar venezolano cuyos integrantes esparcidos en varias latitudes generan la preocupación diaria en cada amanecer sobre el devenir de sus vidas.

*Ilustración 1. Foto: EFE*

Nadie se imaginaba a inicios del siglo XXI semejante tragedia. En nuestra historia el único desplazamiento notorio de connacionales se originó en el campo académico, al ser becados más de 30.000 estudiantes en la década de los 70 y 80 del pasado siglo inscritos en las mejores universidades del mundo.

Siendo nuestro país por el contrario el reservorio de inmigrantes de todo el planeta, cuyos gobiernos y pueblos en muchos casos han olvidado ingratamente, que alguna vez los acogimos y los integramos a nuestra sociedad.

Bueno es verdad, muchos dirán. Esto es un tema manoseado que no deja de agravarse al indicarse que vamos a paso de caballo inglés hacia los 7.000.000. Algunas consultoras y organismos internacionales anuncian que, en el peor de los casos, para finales de 2020 la cifra pudiera enrumbarse hacia los 10.000.000 con lo que sería el éxodo más pronunciado de la historia universal contemporánea.

Entre tantas aristas la diáspora ha dado conocer la madera de la que estamos hechos los venezolanos. Capaces de integrarnos a cualquier país como lo relata un estudio de la profesora Elena Granell del IESA (1997), al demostrar una tolerancia a la incertidumbre y la tendencia a presentar soluciones rápidas a los problemas. En las respuestas que dan desde un bombero de gasolinera hasta un ingeniero se reconoce la chispa y la inventiva criolla.

José Ignacio Cabrujas mencionaba en foro sobre la cultura del trabajo (1995) resaltando la actitud de "echaos palante" y viveza criolla de nuestra venezolanidad, que es notoria por no quedarse callados ante situaciones impredecibles. Con el tono improvisador del coplero del llano donde florecen los mitos y leyendas para ilustrar nuestra idiosincrasia.

Somos de trato directo sin complejo alguno proveniente de un mestizaje que arrojó una cultura.

Donde la discriminación es tema de segunda mesa en Venezuela. Entre tanto, en la región andina, Perú, Ecuador, Bolivia, el cholo es cholo, el moreno se mantiene en sus comunidades y el blanco europeo no se mezclan entre sí. En Venezuela desde la conquista, la colonia como indica Herrera Luque en Viajeros de Indias (1991), y luego en la etapa republicana se operó una mixtura de razas donde la alcurnia es ignorada con el saludo directo de "mire chamo, ¿qué es lo que desea?".

Quizás esta cultura ancestral, aprendida en los escondrijos de siglos de historia, ha dotado al venezolano de una coraza para enfrentar la más terrible de las tragedias que pueda conocer una nación. Al producirse una hemorragia de millones de habitantes, a quienes esperamos al lograr derrotar la tiranía opresora en el corto plazo, verlos retornar con nuevos conocimientos y experiencias positivas en la reconstrucción de nuestro país.

Esta es tarea obligada del gobierno interino de Juan Guaidó de atenderlos hoy en los países donde se ubiquen. Lo que permitiría demostrar con creces como se ejerce realmente el poder frente al régimen usurpador.

(El autor de este artículo pertenece al Movimiento Laborista)

cicune.org

cicune.org

## EL INFORME DE AMNISTÍA INTERNACIONAL

El 4 de febrero de 2020 el diario El Clarín, de La Victoria, Estado Aragua, con información de El Nacional, reportó:

-La ONG Amnistía Internacional señaló en un informe que Perú da la espalda a los migrantes venezolanos que huyen de la crisis de venezolana.

El boletín señala cómo el país inca rechaza a los migrantes que cumplen las condiciones para que se les reconozca el estatuto de refugiado. Así como algún tipo de protección internacional.

(Tras años de una crisis sin precedentes, la población venezolana lucha por sobrevivir, y millones de personas no pueden satisfacer siquiera sus necesidades mínimas de alimentos, agua y atención de la salud. Se calcula que en diciembre de 2019 habían huido de Venezuela 4,8 millones de personas. Perú, que acoge a 800.000 venezolanos aproximadamente, recibió al principio con generosidad a quienes llegaban en búsqueda de protección. En este informe se expone el grave y rápido deterioro del trato que se dispensa a las personas refugiadas venezolanas en Perú. Amnistía Internacional.)

Luego indicó:

-Perú niega la entrada incluso a personas venezolanas en evidente estado de vulnerabilidad, como los ancianos o los niños no acompañados, destaca.

Después apuntó:

-De acuerdo con Amnistía Internacional, la mayoría de las personas que huyen de Venezuela son refugiadas y tienen derecho a protección internacional. Esto a propósito de la Convención sobre el Estatuto de los Refugiados, internacionalmente, o de la Declaración de Cartagena, en lo regional.

Por ello, la directora ejecutiva de Amnistía en el país, Marina Navarro, instó al gobierno peruano a no adoptar políticas restrictivas.

Debe dar muestra de liderazgo y recibir a las personas venezolanas, conforme a su obligación nacional e internacional de garantizar la protección de quienes huyen del hambre y la violencia, dijo.

La fuente terciaria igualmente apuntó:

-La ONG indica que desde junio de 2019 Perú ha introducido una serie de medidas con el fin deliberado de restringir la entrada al país de migrantes y solicitantes de asilo.

De igual modo, "Asegura que la nueva visa humanitaria quedó obsoleta en la práctica sólo unas semanas después de su implantación porque con independencia de que la tengan o no, a los venezolanos no se les permite entrar en Perú sin sellos de entrada y salida de Ecuador".

## EL GOBIERNO PERUANO CREÓ BRIGADA POLICIAL CONTRA MIGRANTES

A raíz de la creación en Perú de una Brigada Especial Contra la Migración Delictiva, el 5 de febrero de 2020 la periodista Mamella Fiallo Flor, de PanamPost, se preguntó: ¿lucha contra "migración delictiva" o persecución a venezolanos?

Luego indicó:

- La creación de una brigada especial para combatir crímenes perpetrados por venezolanos en Perú levanta una serie de hipótesis que generan alerta ante un posible aumento de la xenofobia, y hasta la violación de los derechos humanos de los extranjeros.

*10 245 denuncias presentadas contra venezolanos suman al 79 % de las acusaciones contra extranjeros en*

*Perú y solo el 1, 41 % de las denuncias totales*

Después apuntó:

—Maduro nos inundó de delincuentes venezolanos, aseguró Carlos Morán, ministro de Interior de este país luego de conocerse la expulsión del territorio peruano de 131 personas con antecedentes criminales.

Sin embargo, algunos datos que han surgido revelarían que en Perú empiezan a pagar "justos por pecadores". El pasado mes de enero Morán anunció la creación de la "brigada especial contra migración delictiva", una especie de fuerza especial de la Policía Nacional que se dedicará exclusivamente a perseguir a "delincuentes extranjeros".

Más adelante escribió:

—El ministro Morán explicó que la brigada estará compuesta por investigadores de homicidios, robos y secuestros quienes contarán con el apoyo de diferentes divisiones policiales. La medida causa preocupación entre dirigentes venezolanos y miembros de ONG en Perú debido a que la creación de dicha brigada levanta una seria alarma sobre la estigmatización de la migración y el modo en que se generaliza a los inmigrantes que huyen de la crisis ocasionada por el socialismo en Venezuela.

Más de 860 000 venezolanos se han exiliado en Perú, según cifras oficiales. No obstante, se estima que la cifra supera el millón, más de la cuarta parte de los exiliados, si son tenidos en cuenta quienes han ingresado a este país de forma irregular.

Seguidamente recordó:

-El pasado 27 de enero la Comisión Interamericana de Derechos Humanos (CIDH) exhortó al Gobierno del Perú a no fomentar mensajes que "estigmatizan" a la enorme migración proveniente de Venezuela:

La CIDH insta a autoridades del Perú a no promover discursos que estigmatizan a las personas migrantes venezolanas, y recuerda que la estigmatización no contribuye a una política pública efectiva de seguridad ciudadana.

Hay que recordar que en diferentes provincias del Perú se han llevado a cabo operativos e intervenciones contra venezolanos donde la mayoría son retenidos por las autoridades y luego son liberados. El derecho a la presunción de inocencia empieza a perderse.

*Este martes 4 de febrero en diferentes zonas de Lima, la Policía Nacional del Perú inició redadas donde se habría llevado a diferentes comisarías a decenas de venezolanos pese a que estos tenían sus documentos en regla. Defensores de derechos humanos y representantes de ONG alertaron sobre la situación.*

cicune.org

Igualmente señaló:

- Siete de cada diez peruanos tiene miedo al salir a la calle. Para apaciguar ese temor, el Gobierno del Perú ha incurrido en deportaciones masivas, varias televisadas, luego de una ola de protestas que pedían la expulsión de extranjeros. Sin embargo, según cifras de 2019 ofrecidas por el Ministerio de Interior difundidas por medios peruanos, menos del 2 % de los delitos cometidos en ese país son adjudicables a ciudadanos extranjeros.

Las 10 245 denuncias presentadas contra venezolanos en el 2019 suman al 79 % de las acusaciones contra extranjeros en el Perú. Aunque la cifra es numerosa, esta representa solo el 1,41 % de las denuncias totales. Cabe resaltar que, si bien las denuncias contra venezolanos son la minoría a nivel nacional, a lo largo del 2019 sí ha habido una tendencia creciente de la violencia.

---

*JUAN DANIEL TAPIA*
*L.@JUANCHOTAPIA*

*Hoy caminando en Lima fui detenido por policías que están pidiendo documentos a los venezolanos, el temor de mis compatriotas es muy grande. Quién pensaría que nos tocaría vivir algo parecido, una obra más del Maldito Socialismo del Siglo XXI*

---

Asimismo, apuntó:

- "Si cerramos las fronteras no entran más", "Todos los venezolanos que están en mi país son delincuentes", "Mi país no puede albergar tanta gente", "Los venezolanos nos vienen a quitar el trabajo", están entre las frases que la ACNUR destaca como comunes. El malestar pasa de las palabras a las acciones, tanto que el 46,9 % de los venezolanos se ha sentido discriminado, según las cifras de dicha organización.

Y no se limita al caso peruano. En Ecuador se ha llegado incluso a quemar las viviendas de los exiliados venezolanos, como consecuencia del asesinato de una mujer embarazada por parte de su pareja: un venezolano.

Así es que "pagan justos por pecadores», logrando que la nacionalidad sea un agravante suficiente para dañar tanto a una persona como a su propiedad.

Pero el mayor daño es que para "remediarlo" ahora se propone no solo agregar más burocracia a la resolución del conflicto, sino que la creación de una brigada especial para perseguir a los venezolanos termina con la base de la justicia: la igualdad ante la ley, pues pretende tratar distinto a las personas dependiendo del lugar en el que nacieron.

cicune.org

## NO ES XENOFOBIA, ES APOROFOBIA

El 17 de febrero de 2020 Samir Azrak publicó en El Nacional el artículo que transcribo a continuación titulado "No es xenofobia, es aporofobia":

-La historia de la reciente emigración de

venezolanos –expresó en el inicio del texto- ha sido objeto de estudios interesantes por parte de muchos, dadas las peculiares características que la diferencian de éxodos ocurridos en otros países y otras épocas.

Y continuó:

-Empecemos por recordar que una de las peculiaridades es que en Venezuela nunca hubo emigración, sino inmigración procedente de todos los rincones del mundo, especialmente de los países vecinos de Suramérica y el Caribe. Asimismo, como consecuencia de los efectos de la Segunda Guerra Mundial llegaron muchos de Europa y en menor grado de Asia. Es importantísimo destacar aquí que la gran mayoría de los que vinieron eran de ínfimas condiciones económicas, es decir, pobres; y con niveles culturales medios o bajos. Laboraron en el campo, como empleados o en tierras cedidas por el estado, u ocupadas temporal o definitivamente. También trabajaron según la profesión u oficio que traían, como carpinteros, mecánicos, panaderos, albañiles, zapateros, costureros, etc. Incluso trajinaron en la economía informal o la buhonería. Se desempeñaron con entusiasmo y mucho esfuerzo porque era indispensable el surgimiento y la superación de la crítica situación económica traída. Progresaron, se integraron a la sociedad venezolana, y se mantuvieron en el país por generaciones.

> *"No rechazamos a los extranjeros si son turistas, cantantes o deportistas de fama, los rechazamos si son pobres". Irene Hernández Velasco. BBC MUNDO, 30-10-2020*

Luego explicó:

-Con referencia a la emigración de venezolanos, ésta se inició gradualmente en la primera década del presente siglo, pero es a partir del año 2013 cuando se observan las salidas de las primeras olas importantes hacia Norteamérica (Miami, Montreal), Europa (España, Italia, Portugal) y Latinoamérica (Colombia, Perú, Chile, Ecuador, Brasil y Argentina). Estos primeros grupos eran profesionales que ofrecían sus servicios para desempeñarse como empleados en universidades, empresas, clínicas u otras organizaciones afines con su profesión; o disponían de cierto capital para emprender un proyecto en el nuevo país. Es decir, fue una emigración selectiva que ofrecía una profesión o capital para la inversión. Hasta ahí no se presentó ningún inconveniente, más bien los demás países aspiraban recibir más venezolanos.

Desde 2017, dada la situación crítica nacional, al éxodo venezolano se suman otros sectores de la población: carpinteros, albañiles, mecánicos, servicios de hogar, etc. e incluso los que, sin tener oficio alguno, se ofrecían para cualquier labor del campo o la ciudad. Estos viajeros venezolanos sólo se trasladaron por tierra, no era posible económicamente por aire, los países destinos fueron los latinoamericanos. Los emigrantes, después de grandes sacrificios, llegaban al país destino en su mayoría sin recursos y en desesperada búsqueda de trabajo. Es decir, pobres. El lamentable final de los que no conseguían trabajo fue la indigencia u otras indignas actividades.

Posteriormente indicó:

-La actitud de algunos países latinoamericanos empezó a cambiar, surgiendo un clima de rechazo hacia el venezolano por parte de las sociedades y una política restrictiva por parte de los estados, de tal manera que en la actualidad sólo se permite la entrada de venezolanos a esos países si se ha cumplido con la previa tramitación y aprobación de visa, exigencia claramente limitante y barrera efectiva para frenar la entrada de venezolanos. Actualmente, el ciudadano venezolano requiere visa para entrar a Chile, Ecuador y Perú en Suramérica; Trinidad y Tobago, Aruba,

Bermuda, Santa Lucía, El Salvador, Honduras, República Dominicana, Guatemala, Cuba, Panamá y Puerto Rico en Centroamérica y el Caribe.

Se ha denunciado la actitud xenófoba de los países, ciudades, pueblos y sociedades latinoamericanos contra los venezolanos. Eso es discutible puesto que no existía el rechazo al inicio del éxodo venezolano, sino que se presentó con la llegada masiva de estratos inferiores. La actitud de rechazo no ha sido en contra de la nacionalidad, sino en contra de la condición, es decir, en contra de la pobreza.

A esta situación la filósofa española Adela Cortina le asignó el nombre "aporofobia", que lo define como "el rechazo a los pobres", término aceptado por la Real Academia de la Lengua Española en 2017. La doctora Cortina fundamenta su criterio al afirmar que el individuo como ser humano por naturaleza está en contra de quien no puede ofrecer nada: "Los seres humanos somos animales reciprocadores, estamos dispuestos a dar con tal de recibir, y por eso la raíz de nuestra sociedad es el contractualismo. Estamos en una sociedad de contratos, es decir, de intercambio, de dar y recibir en compensación. Como el pobre no tiene nada para dar, entonces es rechazado y marginado. Eso ocurre en todas las sociedades, pero va en contra de los principios de convivencia, de la dignidad humana y de la democracia".

Asimismo, y como justificación de la conducta aporofobia por parte de sus practicantes, se afirma que los inmigrantes vienen a quitar el trabajo, que colapsarán los servicios, o cualquier otra justificación que no es más que un bulo, o intencionada falsa afirmación (fake-news en inglés), que se divulga con la intención de dañar a los inmigrantes y refugiados. Soberanas patrañas, expresiones claras de la aporofobia latente en esas sociedades. Todos esos criterios son falsos.

Seguidamente apuntó:

-Y como muestra clara que niega y contradice esa actitud, recordemos la entrada a Venezuela en la  segunda mitad del siglo pasado de miles y millones de personas provenientes principalmente de los países vecinos y demás naciones latinoamericanas, así como de Europa y Asia. Y si hablamos de casos actuales, empecemos por el millón y medio de refugiados sirios que hoy viven en el Líbano, país de apenas 6 millones de habitantes. Como segundo ejemplo actual, la entrada a Colombia de la mayor cantidad de venezolanos en país alguno en toda nuestra historia, un millón trescientos mil, de los cuatro millones de venezolanos que abandonaron el país hasta julio 2019 (según la OIM y ACNUR).

En ninguno de estos casos se habla de usurpación de trabajo ni colapso de servicios.

Digna posición de Colombia, ni xenofobia ni aporofobia.

Tres días antes de ese explicativo artículo la periodista Tahiana González, del portal El Diario, en el reportaje "La venezolanidad se apodera de los anaqueles en Chile", había señalado que los productos criollos como la harina de maíz y las marcas tradicionales de chocolates ya se encuentran en los principales supermercados del país suramericano, igualmente, que la marca Oster recientemente anunció la llegada del tosty arepa en el mercado chileno.

Luego aseveró:

-Migrar hacia un país desconocido, con una cultura y gastronomía diferente, son parte de los temores que enfrentan los venezolanos. Desde la llegada de la "revolución" se han visto en la obligación de partir en busca de una mejor calidad de vida. Sin embargo, ese auge migratorio, que se ha intensificado en los últimos años por la crisis política y social, también ha dado lugar a que comerciantes comiencen a abastecer los comercios con productos que se solían adquirir en Venezuela.

*Para esa fecha según la Agencia para los Refugiados (ACNUR) más de 300.000 venezolanos residían en Chile. Esa cifra se elevó a 700.000 en el primer trimestre de 2023*

Del mismo modo destacó:

cicune.org

-Suramérica ha sido una de las regiones que más migrantes venezolanos alberga, y con ello su gastronomía. Hay areperas y otros locales de comida criolla en ciudades como Lima (Perú), Quito (Ecuador) y Santiago de Chile (Chile).

En Chile, los anaqueles comienzan a tener sello criollo: Dalvito, Diablito, Nestea, queso llanero artesanal, chocolates, Pirulin, malta Regional y Maltín Polar. También se encuentran expendios de chicha.

Por otro lado, en ese país han ocurrido contra los migrantes venezolanos actos de crueldad, como pasó en la ciudad de Iquique en septiembre de 2021 cuando hubo manifestaciones de corte xenofóbico y los escasos enseres que tenían éstos, así como las improvisadas tiendas de campaña que los albergaba, fueron destruidos.

BBC News Mundo, el 29 del citado mes, reseñó que "Decenas de venezolanos tuvieron que escapar de la marcha antinmigrante realizada el sábado pasado en la ciudad de Iquique".

Asimismo, reveló que la policía chilena (Carabineros) desalojó a varios migrantes venezolanos que estaban instalados en la Plaza Brasil, en Iquique

-Fue –señaló- una imagen desoladora y que dio vueltas al mundo.

Colchones, frazadas, ropa, juguetes infantiles e incluso pañales pertenecientes a un grupo de venezolanos ardieron mientras una turba de manifestantes gritaba consignas contra los extranjeros.

cicune.org

El medio indicó además que "La gran mayoría de Chile no comparte la violencia xenofóbica y racista del grupo que quemó las pertenencias de los migrantes".

El 1 de abril de 2020, según reportó El Nacional, con información del medio colombiano El Espectador, la Alcaldía de Bogotá hizo desalojar al menos 200 migrantes venezolanos, debido a que entre las directrices de la cuarentena se estipula que no debe haber aglomeraciones de más de 50 personas en un mismo lugar. Se les entregó como compensación un subsidio para acceder a una nueva vivienda. Entre los migrantes desalojados habría niños en condición de discapacidad, por lo que solicitaron a la Secretaría de Integración Social, que administra el lugar, un plazo más largo para encontrar un nuevo albergue.

## VEJAN A LOS VENEZOLANOS DEL PLAN VUELTA A LA PATRIA

Un famoso poema del poeta Juan Antonio Pérez Bonalde fue plagiado por la narcodictadura de Nicolás Maduro para denominar el plan para que muchos venezolanos migrantes regresen a Venezuela. Se trata de "Vuelta a la Patria".

Según la dirigente de Voluntad Popular Gabi Arellano, la decisión de los migrantes venezolanos de regresar al país termina "siendo manipulada" con mentiras por parte de la "dictadura" de Nicolás Maduro.

En una entrevista con Impacto Venezuela, reproducida en Noticiero Digital, la exiliada Arellano aseveró:

-Sabemos cuál es la decisión, primero de miles de venezolanos que se han quedado sin empleo, la capacidad de producir, su día a día, y toman una decisión aventurera que termina siendo manipulada con mentiras por parte de la dictadura. Luego indicó:

cicune.org

-Desde el primero de abril comenzamos a recibir denuncias del hacinamiento en el que se encontraban los venezolanos. Tienen hacinamiento, hemos denunciado con evidencia y testimonios. No cumplen con protecciones, son campos de concentración, sin agua ni servicios.

Seguidamente alertó:

-En Venezuela, Maduro se robó el aeropuerto de Maiquetía. Los venezolanos retornan porque no pueden trabajar, no por xenofobia y persecución. Tenemos familiares allí, y son testigos claves de como la alimentación no es adecuada, como duermen en el suelo, como no hay separación entre los que puedan tener Covid-19 y los que no, y al pasar de los días todo empeora.

Sobre la situación de los migrantes en Táchira, Arellano dijo que tienen 5 campos de concentración en el Municipio Bolívar.

-Hicieron –precisó. 7 detenciones dentro de los albergues en Táchira. La prueba que hacen de Covid-19 no es 100% confiable. Hay pruebas de cómo se han ido de centros de concentración porque tienen hambre y no hay comida, y hay riesgos de que el virus se extienda.

Los buses que prestan para trasladar migrantes, los usan como presos, como detenidos. El usurpador Maduro y sus secuaces mienten cada vez que se dirigen a la nación, mienten con las pruebas masivas, mienten con todo. No hay capacidad del sistema de salud, no han querido que llegue la ayuda requerida. Hay más de

cicune.org

5 millones de venezolanos en el exterior. Han llegado 6 mil venezolanos a la frontera.

El 6 de abril de 2020, TalCual reportó:

-La diputada de la Asamblea Nacional (AN) Gaby Arellano denunció este 6 de abril que los más de mil venezolanos que llegaron al país el fin de semana por la frontera colombo-venezolana se encuentran hacinados, siendo objetos de agresiones y pasando las de Caín por falta de alimento.

Y agregó:

-El señalamiento de la parlamentaria deja en entredicho las declaraciones del gobernante Nicolás Maduro la noche del 5 de abril en las que aseguró que los connacionales que regresaban al país desde Colombia eran recibidos "con profundo amor" y se les brindaba todas las atenciones médicas y logísticas. Maduro precisó que entre el 4 y el 5 de abril arribaron a la nación 1.652 venezolanos.

Después indicó:

-Arellano precisó que los venezolanos, que llegaron al país por el puente internacional Simón Bolívar, se encuentran en situación de hacinamiento en el Centro Estratégico Operacional Manuel Díaz Rodríguez, en San Antonio, en el instituto educativo básico de San Antonio y en las instalaciones militares de La Tiendita en Pedro María Ureña.

Ahí hay alrededor de 1.500 venezolanos que regresaron en los últimos días por el puente internacional Simón Bolívar y se encuentran sin agua, sin comida y sin abrigo. Ahí hay niños, mujeres embarazadas y ancianos, que no se les ha brindado ningún tipo de control sanitario ni se les permite poder salir de ahí.

Señaló que estos lugares son custodiados por funcionarios de la Guardia Nacional, colectivos afectos al gobierno de Nicolás Maduro y también por integrantes del Ejército de Liberación Nacional (ELN). Agregó que no permiten que los venezolanos que llegaron el fin de semana salgan de esos sitios y que las familias han intentado sacar a sus parientes y no han podido.

Seguidamente apuntó:

-Gaby Arellano manifestó que quienes han denunciado públicamente las condiciones de estos lugares han sido víctima de amedrentamiento y golpizas lideradas por el concejal de Ureña, Miguel Becerra. En este sentido instó a los organismos internacionales entre los que destacan la ACNUR y la Organización Internacional de Migraciones (OIM) a verificar in situ las condiciones en las que se encuentran estos recintos.

Por otra parte, tildó de falsas las declaraciones del protector de la entidad, Freddy Bernal, sobre la existencia de supuestos cuadros sanitarios.

-No hay ninguno en la frontera –afirmó- y esta es la prueba. Todo lo que dicen los usurpadores son mentiras y en Venezuela se está corriendo un alto riesgo puntualizó.

Esa denuncia, y las expresiones humillantes de personas afines a la narcodictadura, demuestran, al contrario de las afirmaciones de Maduro, que no es amor lo que reciben los migrantes que retornan al país en el marco del Plan Vuelta a la Patria, ni siquiera de un sacerdote de la iglesia católica, Numa Molina, ni del fiscal general del régimen, Tarek William Saab.

Así se expresó el religioso, según el registro que hizo el portal Noticias24 Carabobo el 17 de julio de 2020:

-Como lo ha dicho…Nicolás Maduro, en varias ocasiones en sus cadenas que los "trocheros" son unos "bioterroristas", al pasar la frontera por el COVID-19 el sacerdote Numa Molina se alineó a ese término.

Un trochero infectado es un bioterrorista que te puede quitar la vida a ti y a tus seres más queridos. Entren por los pases autorizados, bienvenidos a su patria, pero sométanse a la cuarentena, no vengan a infectar a los venezolanos "; colgó el cura en su cuenta de Twitter.

Procura que tu regreso a tu lugar de origen sea una fiesta y no una tragedia, una zozobra para ti y los tuyos. Entra por los controles de inmigración, es por tu bien hermano, hermana"; escribió en otro mensaje.

Por su parte, el exdefensor de los derechos humanos, Tarek William Saab, expresó en su cuenta en Twitter bloqueada al público, el 14 de abril ¿El #Kharma o la rueda del #Tiempo?... #venezolanos que renegaron públicamente de la #Nación; luego de ser ultrajados en EE. UU., Colombia, Ecuador, Perú, Chile, España, etc…. regresan a #Venezuela gracias al plan #VueltaALaPatria…

Tales agresiones verbales humillantes y degradantes fueron rechazadas por la Comisión Interamericana de Derechos Humanos, en su cuenta en Twitter.

Al respecto La Patilla reportó:

-La CIDH rechaza categóricamente declaraciones estigmatizantes de altos funcionarios de gobierno hacia personas migrantes que retornan al país por COVID-19, a quienes han tildado de "oportunistas", "apátridas" y "traidoras", entre otros", señalan.

De igual forma, le recuerda al régimen que deben "abstenerse de suspender procedimientos judiciales idóneos para el control de las actuaciones de las autoridades".

Por último, exigen a funcionarios chavistas de abstenerse de realizar estos tipos de declaraciones, e instan a "proveer espacios dignos con condiciones sanitarias para el aislamiento y transporte hasta destino que garantice integridad".

Un ejemplo de estos casos fue el pasado martes cuando Tarek William Saab, "defensor de los DDHH en el país", se burló de los venezolanos que huyeron debido a la peor crisis registrada en el país a causa del "socialismo", y que ahora regresan a causas del Covid-19.

La ONG Centro de Justicia y Paz (CEPAZ) también se pronunció sobre el particular.

El 20 de abril de 2020 El Carabobeño reportó:

-El diputado a la Asamblea Nacional (AN) por el Estado Táchira, Carlos Valero, denunció que el régimen de Nicolás Maduro chantajea y amenaza a los venezolanos que regresaron por la frontera, y que guardaron cuarentena en albergues inhóspitos e improvisados que dispusieron por toda la entidad.

"Aparte de todo lo que viven los venezolanos al regresar, se suma la bienvenida que el régimen les da a su país, con malos tratos y amenazas. Tenemos denuncias de que aquellos que ya han podido llegar a sus casas, fueron visitados por una patrulla del SEBIN que los obligó a firmar un papel donde declaran, que recibieron trato digno y además los amenazaron con encarcelarlos por traición a la patria, si daban alguna información sobre lo que vivieron en los campos de concentración", aseguró el parlamentario al Centro de Comunicación Nacional.

Luego apuntó:

-Asimismo, denunció qué hay ciudadanos detenidos en manos del régimen por pedir comida y exigir trato digno en los albergues.

"Lo que están viviendo esos venezolanos es inhumano. Si bien el régimen los está trasladando hacia sus estados de origen, como exige el pueblo de Táchira, hay quienes les ha tocado caminar kilómetros, porque los dejan lejos de sus casas. También tenemos conocimiento de que hay algunos que se han escapado desesperados de los albergues".

...Según testimonios de familiares, los tiempos del aislamiento no se están respetando. De igual manera, exigió trato digno y respeto a los derechos humanos de todos los venezolanos que están regresando al país.

Valero también informó que el retorno de venezolanos caminando no cesa, tanto por el Estado Táchira y otras entidades fronterizas como Apure y el Zulia, en la cual recibieron denuncias de que funcionarios de la GNB robaron a un grupo de personas que caminaban por los pasos ilegales.

Dos días después La Patilla reportó:

-El descaro por parte del régimen de Nicolás Maduro no tienen límites y cada día se supera, un ejemplo de esto es el reciente mensaje que el funcionario chavista publicó en sus redes sociales con los migrantes venezolanos que retornan al país a causa de la grave crisis a causa del Covid-19 en países de la región, venezolanos que salieron del país huyendo de la tragedia roja.

"Los venezolanos que decidieron irse a Ecuador, Perú, Chile y Colombia, encontraron el demonio del capitalismo, la xenofobia y el fascismo", expresó.

Asimismo, resaltó que él los espera "con amor y con los brazos abiertos". Y no conforme a eso, culmina el escrito con la frase "¡Sintámonos orgullosos de ser los hijos de los libertadores de América!".

---

*Los migrantes venezolanos huyeron de la peste del socialismo del siglo XXI, engendro político del dictador*

cicune.org

*teniente coronel (retirado) Hugo Chávez, no del capitalismo, que hasta 1999 les ofrecía alta calidad de vida.*

---

El 25 de mayo del mismo año, el entonces parlamentario de la Asamblea Nacional Omar González denunció las condiciones "inhumanas" a las cuales están siendo sometidos miles de venezolanos tras su regreso al país en los llamados campamentos sanitarios ubicados en las fronteras de Venezuela con Colombia y con Brasil.

-Los venezolanos –agregó- que habían huido del socialismo y del hambre, están regresando esta vez alejándose del covid-19 y de la xenofobia, y a pesar de todo el drama que han soportado, al llegar a su país son humillados, vejados y maltratados en campamentos sanitarios que no poseen la adecuada organización y disposición de elementos para atender a los connacionales que vuelven a casa.

De igual modo se hizo eco de la preocupación de los integrantes de ACNUR ante los peligros que afrontan la ola migrante de venezolanos que se ha desplazado por el continente y las consecuencias en su integridad y bienestar.

-Maduro –afirmó- en vez de atacar a los representantes de la ONU que han dicho una gran verdad, pareciera que quiere castigar a los llamados retornados a través del poder que usurpa.

El 25 de junio de 2020 el entonces embajador del gobierno interino en Canadá, Orlando Viera-Blanco, denunció el infierno que sufren los venezolanos en los "refugios" ubicados en las fronteras del país.

Un reporte al respecto publicado en el portal La Patilla señaló que un hilo en la cuenta en Twitter el exembajador escribió:

-Me llegan denuncias de familiares de venezolanos forzosamente llevados a "refugios" en frontera (y otros en el resto de Venezuela) como supuesta prevención del Covid-19, donde quedan en condiciones de aislamiento deplorables e infrahumanas.

Compatriotas llegan a la frontera sometidos a aislamiento que estiman en 14 días y termina siendo un secuestro por tiempo indefinido sometidos a abusos de DDHH

También reveló:

-No pueden asearse adecuadamente, comen muy mal al punto registrarse casos de gran pérdida de peso; duermen en el piso; no pueden ser visitados por familiares quienes tratan de llevarle muda, aseo y comida.

Están en refugios que son un verdadero infierno en términos de maltrato humano, salubridad, exámenes médicos sin control ni aviso, violencia y desinformación. No saben cuándo saldrán.

En otro texto expresó:

-Alertamos comunidad internacional sobre estos "refugios" de tortura y tratos denigrantes del régimen venezolano que bajo la excusa de cuarentena se convierten en verdaderos campos de concentración, epicentro de abusos de DDHH, violencia e ilegítima privación de libertad.

El tema del mal trato que reciben los migrantes retornados por parte de los órganos de seguridad de la narcodictadura igualmente fue abordado por Valentina Rodríguez Rodríguez, de TalCual, el 1 de julio del mismo año en el reportaje "Migrantes retornados: a la intemperie, vulnerados y señalados".

-Migrantes venezolanos –reveló en el resumen del texto periodístico- siguen buscando regresar al país, pero la poca capacidad de respuesta del gobierno les impide entrar. Mientras tanto duermen en las calles del Norte de Santander y son señalados por Maduro de ser los culpables del incremento de los casos de covid-19.

Luego indicó:

-A la intemperie, sin comida, sin respaldo, sin respuestas y sin un estatus claro. Así se encuentran cientos de venezolanos en la frontera colombo-venezolana, quienes hace unas semanas emprendieron viaje de vuelva al país, sorteando miles de obstáculos, y al estar cerca de la meta se encontraron con las puertas cerradas: más trabas y más restricciones. La imagen es como las del cuento de Kafka, "Ante la Ley".

El pasado 7 de junio, el gobierno de Nicolás Maduro limitó aún más el ingreso de connacionales que regresan caminando desde Colombia, Ecuador y Perú: solo habrá paso los lunes, miércoles y viernes. Y solo 300 personas cada día: 1.200 migrantes a la semana, a través de los puentes fronterizos en Norte de Santander y Arauca. También cambió su discurso hacia este grupo de venezolanos: de esperarlos con los brazos abiertos a señalarlos de arma bacteriológica.

En otro segmento del reportaje apuntó:

-El secretario de la Gobernación del Estado Zulia, Lisandro Cabello, aseguró en mayo que toda persona que viole el sistema migratorio e ingrese en el país será considerada arma biológica y encarcelada.

La vicepresidenta de la República, Delcy Rodríguez, en sus reportes sobre los casos de covid-19 en el país también señala a los migrantes venezolanos que retornan al país como los responsables del brote de coronavirus en el territorio nacional.

No es justo que vengan del exterior a contagiar a nuestro pueblo. Entran por trochas informales saltándose todos los protocolos de prevención y de ingreso a nuestro país", manifestó la funcionaria mientras incentivaba a la población venezolana a denunciar dónde se encuentran estos connacionales.

El 2 de julio del mismo año el portal La Patilla reportó:

-Son cientos los migrantes venezolanos que son aislados en hoteles y refugios no aptos para ellos luego de regresar al país durante plena pandemia por coronavirus, y mientras esperan a pasar la cuarentena obligatoria para regresar a sus hogares, cada vez son más los que denuncian una atención deplorable en estos recintos.

Y agregó:

-Tal es el caso de los venezolanos que son aislados en la Villa Bolivariana de Barquisimeto en el Estado Lara, quienes han denunciado en reiteradas oportunidades que los dejan encerrados bajo llave y sin alimentos.

El periodista Junior Parra compartió en su cuenta en Twitter un video en donde se escucha a las personas gritar con desesperación mientras claman por un médico.

Ese mismo y año, pero el día 18, El Nacional denunció que los migrantes retornados al país pasaron, por la barbarie de la narcodictadura, de víctimas a terroristas y desestabilizadores.

-Los retornados –indicó- son víctimas del régimen. Eso es lo primero que hay que aclarar a los que les ha dado por achacarles la responsabilidad de los contagios "importados" de covid-19.

Lo que sucede es que este régimen tiene por costumbre estigmatizar a todos los que se le oponen o no se dejan manipular. Esa es una característica muy bien aprendida, desde que el difunto Chávez comenzó a dividir a los venezolanos.

La realidad es que cuando los caminantes tomaron la terrible decisión de comenzar a deambular por América Latina lo hicieron empujados por la angustia de sobrevivir a un régimen hambreador y criminal.

No decidieron tomar un avión e irse de vacaciones, la mayoría es gente humilde que entendió que su familia tendría pocas oportunidades de subsistir si no buscaba sustento en otra parte.

Muchos fueron acogidos por países hermanos en donde, mal que bien, consiguieron algo de trabajo y un techo. Como era gente de bajos recursos y escasa preparación, sus opciones siempre fueron pocas. Y por eso, cuando comenzó el covid-19 a golpear las economías de las ciudades en donde se establecieron, no tuvieron más alternativa que emprender el regreso.

Después apuntó:

-Esos son los "bioterroristas" a los que día tras día el jefe del régimen y sus secuaces hacen referencia cada vez que hablan de los casos "importados". Lo declaran disfrazadamente, lo mencionan como quien no quiere la cosa.

Pero llegó el sacerdote Numa Molina y lo espetó sin pelos en la lengua, sin ninguna caridad cristiana y por una red social: "Un #TrocheroInfectado es un bioterrorista que te puede quitar la vida a ti y a tus seres más queridos. Entren por los pases autorizados, bienvenidos a su patria, pero sométanse a la cuarentena, no vengan a infectar a los venezolan@s".

Y a continuación formuló las siguientes interrogantes:

- ¿Será que estos bioterroristas además son suicidas, que se arriesgan a dormir en la calle, a caminar sin comer, para llegar a su casa? ¿Sabe el sacerdote que las autoridades venezolanas solo autorizan el ingreso desde Cúcuta de un poco más de 1.500 retornados por semana y que muchos han tenido que improvisar tiendas con bolsas de plástico para esperar su turno en la frontera?

Posteriormente observó:

-Curioso, por no decir otra cosa, que el sacerdote coincida plenamente con el Comando Estratégico Operacional de la Fuerza Armada Nacional que por sus redes sociales ha dicho: "Un trochero es un Bio-Terroristas (sic), que deja en riesgo la salud de todos".

Y no porque el jesuita sea un soldado de Cristo, porque la Compañía de Jesús, encabezada en el país por el padre Rafael Garrido, se ha ocupado de aclarar que están en desacuerdo totalmente con Molina, quien habló evidentemente a título personal.

Los jesuitas en Venezuela han estado siempre del lado de los más necesitados, y en esta ocasión no es diferente. Por eso afirmaron en un comunicado que ratifican "su compromiso, solidaridad y cercanía con las personas que buscan retornar al país, así como con todo el país en medio de esta complicada situación en la que todos debemos sacar lo mejor de nosotros mismos para superarla".

Los venezolanos saben de su dedicación y entrega y les agradecen todo el trabajo que hacen.

El día siguiente, en el mismo medio, Vladimiro Mujica publicó el artículo titulado

"El calvario de la vuelta a la patria", donde su autor, desde el exilio, señaló:

-Venezuela se ha transformado en un Estado mafioso. Un trágico experimento de control social a través del hambre y el miedo que se maneja con los métodos y procedimientos del crimen organizado. La corrupción y el robo de los bienes y los dineros públicos, es no solamente de una escala que no tiene precedentes en la historia moderna, sino que su crecimiento ocurre a expensas de desviar los recursos para el bienestar de la gente. En otras palabras, la corrupción en Venezuela se nutre del sufrimiento de la población en una dimensión sobrecogedora: mientras una proporción importante de nuestra gente padece de hambre, ausencia de servicios de salud, carencias crónicas en el suministro de agua y electricidad y de una inseguridad amenazante; un grupo de protegidos del poder se ha enriquecido en una magnitud que resulta difícil de asimilar. A pesar de que no hay cifras claras, se estima que el volumen total de recursos y dineros extraídos a la nación por diversos mecanismos, en la era decadente del chavismo-madurismo puede alcanzar la astronómica cifra de 100.000 millones de dólares, una cantidad que excede con mucho el producto interno bruto anual del país en sus tiempos de mayor prosperidad.

Y continuó:

-Uno de los resultados más dramáticos de la destrucción del país ha sido un éxodo de dimensiones abismales, que en los primeros años de la hecatombe chavista privó al país de centenares de miles de profesionales en todas las ramas, médicos, ingenieros, profesores universitarios, odontólogos y emprendedores, abandonaron el país y se establecieron primariamente en Colombia, España y Estados Unidos.

Un estudio reciente del Pew Research Center en este último país, revela que la emigración más calificada que ha llegado a suelo norteamericano, entre todas las que han llegado en los últimos tiempos, tanto en términos de educación como de adaptación a las exigencias de un nuevo entorno, es precisamente la venezolana. Es decir, que les hemos entregado a otros países toda una generación de nuestros mejores talentos. Uno de los ejemplos primarios de esta hemorragia de nuestra sangre más preparada, es el caso emblemático de los profesionales de la industria petrolera, destruida y fracturada, reducida a una empresa fracasada por las políticas de demolición del chavismo.

Luego explicó:

-A la emigración calificada, no tardó en unirse una ola de venezolanos pertenecientes a los estratos socioeconómicos más bajos. Este grupo ha conformado un verdadero tsunami de emigración, que unido a quienes habían emigrado en los primeros años conforma un total de entre 5 y 6 millones de venezolanos, de acuerdo con estimados internacionales. Una verdadera y extensa diáspora, cuyos segmentos más vulnerables han penetrado las fronteras de Colombia y Brasil, para seguir en travesías de odisea hacia todos los rincones de Latinoamérica y Centroamérica. Un número importante de nuestra gente ha disfrutado de la solidaridad de Colombia y otros países, pero la situación de muchos de estos emigrantes es sencillamente horrenda, viajando largas distancias en precarios transportes o simplemente a pie, familias completas con niños caminando en la carretera con sus escasas pertenencias, víctimas con frecuencia de redes de prostitución y tráfico humano, o sometidos a condiciones laborales infames y, en una medida nada despreciable convertidos en los chivos expiatorios del chauvinismo y la xenofobia locales.

En otro segmento del artículo apuntó:

-La pandemia del coronavirus ha destruido los empleos y las fuentes de vida de muchos de los emigrantes venezolanos que ahora intentan regresar a Venezuela ejerciendo sus derechos constitucionales de entrar al país del cual son ciudadanos e intentando reparar sus vidas. Se han encontrado con la sorpresa inesperada de ser calificados como bombas humanas terroristas, humillados y etiquetados como armas biológicas ambulantes por el régimen de Maduro y últimamente por Numa Molina, formado como jesuita, e indigno de sus votos sacerdotales. A los trocheros, como se les denomina a quienes intentan retornar por los caminos verdes de la frontera, se les unen como víctimas del régimen los miles de venezolanos varados en España, en Estados Unidos y en otros países, imposibilitados de regresar a su propio país por el bloqueo aéreo. Sin duda que las medidas sanitarias de control por la pandemia deben ejercerse, pero nunca de la manera brutal y discriminatoria que aplica el régimen venezolano.

Como nunca podría faltar en un país tan polarizado como Venezuela, la contraparte indignante y absurda de la conducta del régimen con quienes tratan de regresar es la de muchos opositores extremistas que pretenden levantar un veto a la participación y retorno de la diáspora de venezolanos a su país con el peregrino argumento de que no se les puede permitir disfrutar del nuevo país que se va a construir cuando caiga el madurismo. Imposible el hacerle entender a esta otra cara del chavismo excluyente y polarizante que la diáspora y quienes habitan en Venezuela somos uno y un mismo pueblo.

Juan Antonio Pérez Bonalde debe estarse revolcando en su tumba. Su poema "Vuelta a la patria" nunca pudo caer en oídos más sordos que en estos tiempos turbulentos.

## XENOFOBIA E IMPUNIDAD EN ECUADOR

El 29 de julio de 2020 la periodista Fabiana Cantos, del portal El Diario, reportó:

-David Cerrada, de 19 años, fue agredido violentamente el pasado 17 de julio en el Mercado Mayorista de Latacunga, por ser venezolano. El joven también fue despojado de la carretilla que usaba como medio de trabajo.

Luego indicó:

-La esperanza del porvenir se vuelve añicos en medio del rechazo. Se disipa ante la hostilidad de un entorno ajeno. Se recrudece cuando la impunidad se muestra latente. Para muchos migrantes venezolanos estas circunstancias se acentúan con el sinsabor de la distancia y la ausencia de sus parientes, sobre todo cuando la xenofobia los convierte en el blanco de acusaciones recurrentes.

La jornada de trabajo del venezolano David Cerrada, de 19 años, transcurría con normalidad el pasado viernes 17 de julio en el Mercado Mayorista de Latacunga, ubicado en la provincia de Cotopaxi en Ecuador, hasta que un grupo de aproximadamente 10 personas lo acorraló para quitarle la carretilla con la que transportaba la mercancía de los comerciantes. El primer golpe que recibió en la cabeza lo dejó inconsciente por unos minutos y cuando volvió en sí los insultos no cesaban. No había razón aparente, el único motivo era su nacionalidad.

Seguidamente citó:

-De acuerdo con cifras del informe anual Tendencias globales de desplazamiento forzado en 2019, que presentó el Alto Comisionado de las Naciones Unidas para los Refugiados (ACNUR), en el país andino hay 374.045 migrantes venezolanos. Como se lee en el informe: "A finales de 2019, más de 4.500.000 de venezolanos habían abandonado su país y viajado principalmente hacia América Latina y el Caribe. Se trata del mayor éxodo en la historia reciente de la región y una de las mayores crisis globales de desplazamiento".

Posteriormente apuntó:

-Su medio hermano Yovanny Álvarez, quien trabaja con él en el mercado, se aproximó para defenderlo. El joven de 23 años relató para El Diario que muchos de los comerciantes ecuatorianos que estaban allí también intercedieron ante el hecho. "¿Acaso él está robando?", exclamaban los presentes.

cicune.org

Tras lo ocurrido, Yovanny le comentó a David que era mejor guardar la carretilla para evitar más altercados. No obstante, accedieron a realizar una última carga antes de marcharse. Yovanny se apartó de su lado por unos minutos para ir al baño. Entretanto, David salió del mercado para dejar la mercancía sin saber que algunas de las personas que lo agredieron estaban en las afueras esperándolo.

De igual modo señaló:

-Los golpes reincidieron sobre su cuerpo. Ahora la sangre corría por el rostro de David. Con tono pausado, Yovanny recuerda la desesperación de aquellos instantes. "Yo duré como 40 minutos buscándolo y no lo encontraba. Mi miedo más grande era que se lo hubiesen llevado".

La violencia y la xenofobia se impusieron. Aquella mañana los agresores de David lo despojaron de su carretilla. La policía solo detuvo a uno de los involucrados. La misma tarde de ese 17 de julio realizaron una audiencia sobre el caso, pero David no contó con abogado defensor alguno.

También apuntó:

-De acuerdo con lo establecido en el artículo 75 de la Constitución de la República del Ecuador, capítulo octavo: "Toda persona tiene derecho al acceso gratuito a la justicia y a la tutela efectiva, imparcial y expedita de sus derechos e intereses, con sujeción a los principios de inmediación y celeridad; en ningún caso quedará en indefensión. El incumplimiento de las resoluciones judiciales será sancionado por la ley".

Como también lo relató Yovanny, durante la audiencia "uno de los policías que estaba afuera me dijo: 'Dile a tu hermano que acepte el dinero', porque el abogado del acusado le propuso a la fiscal darle a mi hermano unos 50 dólares y que el agresor le diera unas disculpas, pero mi hermano dijo que no, que lo que él quería era justicia".

Finalmente, la fiscal dictó que el agresor debía estar cinco días en prisión y tendría que cancelar el pago de 25% del salario básico de Ecuador, dicho monto corresponde a la cantidad de 100 dólares. Sin embargo, el joven venezolano no ha recibido este monto.

En otra parte del reportaje su autora especificó:

-El grupo de aproximadamente 70 venezolanos que trabaja en el Mercado Mayorista de Latacunga continúa con la incertidumbre sobre su futuro laboral.

Como lo explica Ronal Moreno, el martes 21 de julio la policía de migración acudió al mercado para hacer un operativo y pedirles a los venezolanos sus papeles. Los que no tuvieran los documentos en regla debían pagar una multa.

Y agregó:

-El representante de Madera Venezolana asegura que actualmente el ingreso de venezolanos al mercado "es a riesgo". Ese martes multaron a tres venezolanos. El viernes pasado otra venezolana que trabaja en las afueras del mercado fue sancionada, acto que Moreno calificó como "más déspota todavía", debido a que la migrante está en la espera de que le entreguen su visa humanitaria.

"Ya la pagó y todo, pero la multaron. Así de sencillo", añade.

## LA HISTORIA DE LOS MIGRANTES VENEZOLANOS CON PLASTILINA

El 5 de septiembre de 2020 la periodista Ariany Brizuela, de El Nacional, publicó un reportaje sobre el artista plástico e ilustrador colombiano Édgar Álvarez que cuenta la historia de los migrantes venezolanos con plastilina, resultado de una experiencia artística para explicar los acontecimientos más importantes de Colombia y América Latina.

La fuente explicó:

-Con la masa de arepa que preparaban en su casa comenzó, como un juego de niños, a moldear sus primeras figuras. Eran campesinos como sus abuelos, que también eran artesanos. Fue el primer contacto del colombiano Edgar Álvarez con el mundo del arte, o lo que define en aquel entonces como arte.

Más adelante, también pequeño, descubrió que podía utilizar otros materiales para moldear como lo hacía con la masa de arepa. Y apareció la plastilina. Con ella realizó desde sus trabajos escolares hasta su tesis de grado en la Academia Superior de Artes de Bogotá (ASAB), donde se formó como artista plástico, aunque sus maestros no estuvieran de acuerdo, pues lo consideraban un juego de niños. "Nunca pensé que lo asumiría como profesión", dice Álvarez, de 45 años.

De niño una disfrutaba contar historias a través de sus esculturas. Cada libro que leía o cada experiencia que vivía, le gustaba recrearla a pequeña escala con plastilina. Con el tiempo, sus esculturas adoptaron otras formas e incluyeron nuevos temas: aspectos que le gustaban o disgustaban de su país y hazañas que protagonizaban sus compatriotas.

Ya mayor en Los Ángeles, donde vivió durante seis años, comenzó a realizar más figuras. Para Álvarez era una forma de reconectarse con sus raíces y sentirse más cerca de su hogar. Al poco tiempo, decidió abrir una página en Facebook para publicar su trabajo, para evitar saturar su cuenta personal con solicitudes de amistad. Así nació, hace ocho años, Se lo explico con plastilina, un proyecto que le abriría muchas puertas y que lo llevaría a distintos lugares. "Algo que me sirvió muchísimo fue la distancia. Empecé a sentir mucho más el dolor por la patria, un dolorcito que tenemos algunos", recuerda.

En otra parte del reportaje relató:

- Hace dos años Álvarez regresó de Los Ángeles a Colombia. Al llegar, una de las cosas que más le sorprendió fue ver la cantidad de migrantes venezolanos en las calles. Al ver a las personas deambulando por las carreteras con apenas unas pocas maletas y la ilusión de encontrar un mejor futuro se sintió identificado inmediatamente. "Entiendo esos problemas, los prejuicios que existen y cómo afectan los comentarios".

Por eso, desde entonces, decidió recrear la

travesía que viven los caminantes que huyen de la crisis política, social y económica que vive Venezuela, una de las más complejas de la región. "Aquí hay muchos desplazados, pero nosotros no los veíamos jamás. Esto fue algo nuevo y nos impresionó a muchos colombianos", dice.

Álvarez aún recuerda la primera figura con plastilina que hizo de migrantes venezolanos: un niño caminando con su papá, que muchos compartieron en redes. Gracias a aquella figura, la Agencia de la ONU para los Refugiados (ACNUR), lo contactó para realizar un proyecto sobre la migración centroamericana que lo ayudó a entender las diferencias entre ambos fenómenos. "Me he convertido en un experto en hablar con migrantes y en conocer el tema desde otra perspectiva, desde el arte y el trabajo de campo".

Seguidamente apuntó que, según cifras de Migración Colombia, para la fecha del reportaje había en Colombia 1.825.000 migrantes venezolanos, de los cuales muchos vivían en las calles o refugios.

Posteriormente detalló:

- Para sus esculturas, Álvarez realiza mucho trabajo de campo, conversa con las personas, las conoce e investiga, algo que considera fundamental. Lo más difícil de su trabajo es, sin duda, conocer el drama que viven, la soledad y el rechazo. "Algo que me parece clave, y que aprendí con el tema de las migraciones, es la importancia de la solidaridad sin pensar en si la gente es de un partido político o si es rojo, azul, de izquierda o derecha. Es curioso, porque tuve la oportunidad de trabajar en campañas políticas, y prometí solemnemente no volver a hacerlo, y vi muchos problemas tanto de izquierdas como de derechas, por los que muchas veces la gente salía de sus países, y me parecía muy triste", recuerda.

cicune.org

No mide el tiempo que le dedica a crear sus figuras, todo depende del proyecto y los materiales que use. Lo importante, dice, es el mensaje que transmite en cada una de sus piezas. "Lo fundamental es decirles a los niños que, si yo puedo explicar algo con plastilina o si yo me expreso a través de ella, todos podemos hacerlo".

Una de las situaciones más complejas y duras que le ha tocado presenciar es ver a personas recién deportadas: "Después de haber caminado kilómetros y kilómetros, pasar por varios lugares y muchas situaciones, para tener que volver a su país y empezar de cero con un montón de deudas y con una frustración gigantesca... Es difícil".

La periodista añadió:

-Sobre la discriminación hacia los venezolanos, Álvarez considera que no se debe a la nacionalidad, sino al nivel socioeconómico. "Un venezolano con plata llega bien a cualquier país, pero si no tiene dinero, la cosa es distinta. Eso mismo pasa con nosotros los desplazados, si eres alguien con una finca te puede ir mejor que si eres un campesino que no tiene nada".

(Se trata de aporofobia, pues antes de que se estableciera en el país la peste del socialismo del siglo XX Colombia recibía amigablemente a los venezolanos que iban a las tiendas de Cúcuta a comprar. Por otro lado, millones de colombianos se establecieron en Venezuela cuando la época de la bonanza petrolera y no fueron molestados)

## CAMINANTES DE LA MISERIA

De Omar González es el artículo que publicó El Nacional el 13 de octubre de 2020 con el mismo título del capítulo de nuestro trabajo investigativo, y que se transcribe íntegramente a continuación:

El régimen venezolano produce el éxodo más grande de toda América Latina, tan grande que hace recordar el pasaje bíblico del éxodo del pueblo judío cuando salió de Egipto y recorrió el desierto.

Por culpa del desastre económico y la crisis humanitaria millones de venezolanos toman una mochila y emprenden la gran caminata hacia un destino mejor.

Movidos por el hambre, por la miseria y la desesperación, jóvenes y no tan jóvenes optan por iniciar una caminata hacia Colombia, Perú, Ecuador, Bolivia, Uruguay, Paraguay y hasta Argentina; así miles y miles huyen de las consecuencias de eso que llaman el socialismo del siglo XXI.

Los caminantes de la miseria exponen sus vidas, su dignidad y dejan atrás su existencia y quereres (familia, padres, amores) por el sueño de una vida diferente y mejor a la que estaban llevando en el suelo nacional. Y todo, por culpa de un modelo que solo se centró en destruir lo que estaba en pie en Venezuela.

*La narcodictadura ha afirmado, erróneamente, que las sanciones contra el ominoso régimen y sus corruptos y criminales son la causa de la diáspora y la crisis humanitaria que la ha inducido. Para desmentir ese manipulado discurso, basta saber que desde el gobierno del teniente coronel (retirado) Hugo Chávez hasta el de Nicolás Maduro, del tesoro nacional han sido extraídos más de 70 mil millones de dólares para comprar voluntades políticas internacionales. Millones de dólares de los venezolanos han mantenido la dictadura de los hermanos Fidel y Raúl Castro en Cuba, país que adeuda a Venezuela más de 20 mil millones de dólares. Igualmente, a costa del hambre del pueblo, la narcodictadura ha financiado el partido Podemos de España. En tiempos de la tiranía de Chávez, su gobierno pagó parte de la deuda externa de Argentina con el Fondo Monetario Internacional. Y gran parte de quienes les deben a Venezuela han sido exonerados caprichosamente del pago de sus compromisos. Allí reside el origen de la diáspora y el estado de pobreza en el que se encuentra más del 90% de la población, con pensiones de vejez miserables e ingresos por concepto de sueldos y salarios inferiores a cinco dólares mensuales. Con razón la valerosa dirigente gremial magisterial, Elsa Castillo, ha declarado que en Venezuela no hay bloqueo sino saqueo. Vale la pena citar el siguiente pensamiento del sabio Confucio: "En un país bien gobernado, la pobreza avergüenza. En un país mal gobernado, la riqueza es algo que avergüenza".*

---

Con cada empresa expropiada, con cada negocio cerrado, con cada tierra invadida, con cada industria nacionalizada empezó el caos que se fue extendiendo, con cada reconversión se le quitaba ceros al bolívar y se vaciaban los bolsillos de los venezolanos, con cada billete impreso se perdía el poder adquisitivo y se profundizaba el desastre.

Fue así como millones empezaron a caminar hacia otras tierras, y en eso iniciaron los movimientos desestabilizadores en Argentina, en Chile, Perú y Ecuador –todos financiados, orquestados y auspiciados por la tiranía venezolana– e hizo su macabra aparición el covid-19 como el regalo chino para la humanidad.

Y entonces, muchísimos venezolanos víctimas –desde hace mucho– de la xenofobia peruana, chilena, ecuatoriana, colombiana y de otras latitudes, y perdiendo sus empleos y hogares como resultado de la pandemia, decidieron emprender nuevamente la caminata de regreso.

Han sido, sobre todo, los venezolanos emigrados a Colombia quienes tuvieron que retornar desde los distintos departamentos neogranadinos, poniendo –nuevamente– su integridad en juego, así como las de muchos más.

Y no retornaron porque en Venezuela se viva mejor, no. Retornaron porque no tenían más remedio, porque la realidad de la pandemia los obligaba.

Ahora, esta tragedia, de ida y de vuelta, es simplemente los resultados de una política económica atroz, inhumana, cruel y corrupta; debido a la aniquilación de PDVSA, de la pulverización de nuestro aparato productivo, del despilfarro de la política de "luz de la calle, oscuridad de la casa" es que se empuja a muchísimos venezolanos a empacar de nuevo su vida y caminar rumbo a la frontera.

Los caminantes de la miseria no son cuestión del pasado, sino un presente vivo. Las condiciones de vida en Venezuela obligan a muchos a probar suerte nuevamente en otras partes y en países donde el emprendimiento, el esfuerzo y el trabajo honrado sean recompensados como debe ser.

Solo cuando la nación sea libre nuevamente, millones podrán regresar, abrazar a sus padres y hermanos, ver a sus amigos y ayudarnos a recomponer a este país luego de tantos años de un sistema que tomó un país próspero y lo hundió en lo que ellos llaman el "paraíso socialista".

Sé que vendrán tiempos mejores, sin pandemia, sin hambre, sin miedo y sobre todo sin socialismo. ¡Confío en esto!

## LA GUERRA DEL NARCODICTADOR CONTRA LOS RETORNADOS

El 18 de octubre de 2020 El Nacional, en un artículo sin firma, reportó:

-El pasado junio —después de haber lanzado insultos en cadena de radio y televisión, y de haber hablado de "antipatriotismo" en más de una oportunidad, y de haber hecho uso de expresiones como "lava-pocetas" en contra de los venezolanos que habían huido del país—, Nicolás Maduro dijo que los retornados serían recibidos "con amor" y que podían volver a su país cuando quisieran.

Apenas un mes después, el ministro Reverol —uno de los hombres que detenta más poder real, con potestad para decidir quién vive y quién muere en Venezuela—, acabó con la farsa amorosa y anunció una "guerra" contra los retornados, a los que acusó de prácticas de terrorismo y delincuencia organizada. Los amenazó con encarcelarlos por ser posibles portadores del covid-19. Aunque se refería específicamente a los que regresaban por las trochas, sus palabras estigmatizantes han determinado las políticas de abierta hostilidad que el régimen ha puesto en marcha en contra de los retornados.

En un artículo que publiqué en mayo de 2020, "Huida y regreso al infierno", me detuve en el doble sufrimiento que ha sido para cientos de miles de familias venezolanas, especialmente las más pobres, haber salido del país en las más precarias condiciones que sea posible imaginar —la mayoría sin dinero y con no más que una botella de agua y un pedazo de pan en la mochila, cargando con sus bebés en los brazos, en caminatas que se prolongaban por días, en las cuales, a menudo, muchos cayeron extenuados para morir sin auxilio en cualquier paraje montañoso, en Colombia, Ecuador o Perú—, para regresar otra vez a Venezuela, huyendo otra vez del hambre y la imposibilidad de conseguir empleo, y afrontar, sin recurso alguno para defenderse, a la desproporcionada agresividad con que son recibidos por funcionarios militares y policiales en todos los puntos de la frontera. No olvidemos esto: esos funcionarios son los mismos que escucharon los improperios de Maduro, y también a Reverol declarar la guerra a los retornados. Y son, esto es lo fundamental, los que reciben sus órdenes.

Luego apuntó:

-Leo en el informe divulgado a comienzos de la semana por Human Rights Watch y el Centro de Salud Humanitaria de la Universidad Johns Hopkins que alrededor de 130.000 personas han regresado al país, a causa de la crisis económica que ha desatado el covid-19 en el planeta y de forma particularmente intensa en América Latina. Existen otras estimaciones que hablan de entre 146.000 y 149.000 retornados.

Lo que evidencian las denuncias que han venido acumulándose por parte de familiares de retornados, los testimonios que han recogido reporteros que han logrado colarse en los falsamente llamados Puntos de Atención Integral —PASI—, y lo que se desprende del documento mencionado es que, en realidad, funcionan como centros de detención. Esto es literal: los PASI operan como si las personas y las familias estuviesen detenidas por el delito de haber regresado a su país.

Y a continuación denunció:

-Están militarizados, es decir, sometidos a la arbitrariedad y el abuso, a disciplinas ajenas a las necesidades de personas en situación de riesgo. No reciben asistencia social, sino órdenes y gritos. El trato del que son objeto es, en la mayoría de los casos, unilateral y abusivo.

Más riesgoso y grave es que están hacinados. Los espacios que han dispuesto no permiten guardar el distanciamiento social. Tampoco disponen de mascarillas, jabones y geles. En algunos no hay agua y el estado de los baños es simplemente infernal, plagados de insectos y alimañas. Mantener la privacidad es prácticamente imposible. Los alimentos que les proveen son de la peor calidad, en cantidades exiguas y de entregas irregulares. He leído y escuchado testimonios de personas que han pasado más de 60 horas sin probar un bocado.

Después detalló:

-Estas personas o grupos familiares están, en lo esencial, indefensos. Sometidas al antojo de los uniformados. Los centros o los hoteles en los que los han amontonado no cuentan con la infraestructura o las condiciones para proveer ningún tipo de asistencia social. Por supuesto: no hay médicos, ni profesionales paramédicos, ni se hacen chequeos, ni pruebas para detectar la posible presencia del covid-19. Así las cosas, cada centro es real o potencialmente un foco de contagio, en el que podrían estar conviviendo personas sanas con personas enfermas. Además, lo insólito, violando todos los parámetros y recomendaciones de la Organización Mundial de la Salud, de los gremios médicos y de los más destacados expertos sanitaristas, los períodos de cuarentena no se limitan a los 14 días establecidos, con lo cual el riesgo de contagio se incrementa de forma significativa.

Los retornados que ahora están bajo control militar, en cierto modo, recuerdan a los presos políticos: contra ellos se utilizan también formas de violencia, se les trata con desprecio, se toman decisiones que no consideran sus realidades, no se les escucha, no se les provee de ningún servicio, mientras pasan los días en un encierro que no merecen y que se prolonga absurdamente.

*No me cansaré de repetir que la narcodictadura se cree la Patria y, por lo tanto, cualquier acción que se realice para huir de ella y buscar calidad de vida en otro país la conceptúa de traición. ¿Quiénes son los traidores? ¿Ellos, los que se dicen patriotas, o quienes la adversan o huyen para protegerse de la barbarie del socialismo del siglo XXI?*

cicune.org

## INSULTO A REPARTIDOR VENEZOLANO EN LIMA

El 21 de noviembre de 2020 el portal 800 Noticias, con información de El Pitazo, reportó:

-Junior Ramírez Alarcón, venezolano de 23 años residenciado en Perú, se volvió tendencia en redes sociales y medios de comunicación luego de que se diera a conocer la historia de cómo fue agredido verbalmente por un hombre peruano mientras trabajaba.

El joven sale diariamente en su moto desde el pueblo de Trapiche, cerca de Lima, para entregar pedidos con la empresa Rappi y así ganar dinero que le ayude a mantener su familia, puesto que vive junto a su esposa y su hija de un año en una habitación pequeña, según reseñó Magaly TV.

En la habitación que comparte Junior con su familia, mantienen solo las cosas necesarias para vivir el día al día, como una cocina pequeña, una mini nevera, la cama matrimonial y una cuna y televisor que les regalaron.

cicune.org

Junior despierta cada día a las seis de la mañana, come una arepa que le prepara su esposa María y sale a trabajar hasta altas horas de la noche para volver y ver a su familia antes de reiniciar su rutina al día siguiente.

El día anterior, Pulzo.com había reseñado:

-En redes se viralizó el video en el que un ciudadano peruano insultó y hasta amenazó con pegarle a un repartidor venezolano por la entrega de un pedido.

Luego señaló:

- "Estoy esperando mi comida hace rato, me lleva el pincho que me lo entregues roto. Yo no voy a recibir esta mierda rota", así comienza el video viral donde un peruano, identificado como Guillermo Miranda y que vive en Miraflores (una zona pudiente de Lima), insulta a un repartidor de Rappi venezolano por la entrega de un pedido.

Las imágenes fueron grabadas por el propio venezolano, Junior Ramírez, de 23 años, para evitar que la situación se tornara en una agresión física.

Igualmente refería:

- Según el relato de Ramírez al informativo Buenos Días Perú, la bolsa biodegradable en la que llevaba el pedido se rompió por la humedad y el calor de la comida. Sin embargo, aseguró que ningún producto se regó y estaba intacto más allá de la bolsa.

A pesar de la explicación del 'rappitendero' al peruano, este perdió los estribos y lanzó todo tipo de insultos y hasta amenazó con pegarle.

"¿Por qué eres tan idiota para transportar las 'huevadas'? ¿Qué me estás explicando? Eres un pobre imbécil, un idiota. ¿Cómo vas a romper las 'huevadas'? Preocúpate por traer bien las cosas, debería traer una bolsa plástica", se le escucha decir al xenófobo.

Luego, cuando el venezolano le explicaba que no era su culpa, sino de la tienda, fue que más insultos le dijo.

"¿Qué tienda pedazo de imbécil? Tú eres huevón, qué chuchas te pasa, concha de tu madre. Estoy harto de ustedes, tengo ganas de pegarte, hijo de puta. Estoy que me cago de hambre y me cagaste el almuerzo", grita Miranda y agrega:

"¿Entiendes? Habla pues, imbécil. ¿Tienes algún problema, reconcha de tu madre? ¿Quieres que te mande de un combo (puñetazo) a tu puto país, hijo de puta? Respóndeme, concha de tu madre, estoy molesto. Respóndeme, hijo de puta, dime algo".

Luego indicaría:

-Junior Ramírez le dijo a Buenos Días Perú que sacó su celular para no irse a las manos con el señor, pero que estuvo a punto de hacerlo por los insultos que recibía.

"El señor empieza a insultarme y se me encima. Dije que no me iba a caerme a golpes con el señor y saco mi celular para grabar. Yo pensé que el señor iba a calmarse, iba a bajar el tono, pero no, el señor siguió", relató el repartidor.

"Fueron muy pocos, muy pocos los motivos para no haberle caído a golpes a ese señor", agregó Ramírez.

Tras la viralización del video, la justicia sancionó a Guillermo Miranda con una multa de 4.300 soles y podría enfrentar cargos ante la justicia.

## EXPULSAN A NIÑOS MIGRANTES DE TRINIDAD Y TOBAGO

El 25 de noviembre de 2020 la periodista Florantoni Singer, de El País, España, reportó:

-El domingo las autoridades de Trinidad y Tobago embarcaron en dos balsas a 29 venezolanos detenidos en las costas de Chatham Beach y los deportaron a Venezuela. Entre ellos iban 16 niños, uno de cuatro meses, sin sus padres. Sus familiares pasaron casi dos días sin saber su paradero, hasta que llegaron a Venezuela, a un islote en un caño del Orinoco en la costa de Delta Amacuro, en el oriente del país.

Sobre ese acto David Smolansky, comisionado de la Secretaría General de la OEA, denunció en su cuenta en Twitter que "El gobierno de Trinidad y Tobago acaba de deportar a 16 niños venezolanos, entre ellos un bebé de 4 meses".

## *Denuncian que policías de Trinidad y Tobago persiguen y maltratan a venezolanos*

La fuente añadió:

-Están devolviendo a los 16 menores de edad en bote a Venezuela, negándoles el refugio y separándolos de sus padres que ya estaban en Trinidad. Una atrocidad.

Igualmente reveló que en Trinidad y Tobago hay al menos 40.000 migrantes y refugiados venezolanos, de los cuales más de 50% de ellos no han podido regularizar su situación.

Por su parte, la diputada Mariela Magallanes denunció en El Nacional que los migrantes venezolanos son víctimas de maltrato por funcionarios policiales de Trinidad y Tobago.

La parlamentaria documentó su denuncia en un video publicado en Twitter en el que se observa que autoridades de esa isla hostigan y maltratan a venezolanos.

El audiovisual muestra como uniformados forcejean durante minutos con dos venezolanos, que luego huyen por zonas boscosas cercanas al lugar mientras que lugareños los alientan gritándoles en español: "Corre, corre".

Al maltrato de los migrantes venezolanos en Trinidad y Tobago se refirió también AFP en un despacho de fecha 29 de enero de 2021.

cicune.org

-Siete niños migrantes de Venezuela –reportó- están detenidos e incomunicados en Trinidad y Tobago, denunciaron familiares, en un caso que recrudeció la crisis por las embarcaciones ilegales que cruzan entre ambos países, una travesía que ha dejado más de un centenar de muertos y desaparecidos desde 2018.

Forman parte del grupo de 16 menores de edad a los que Trinidad y Tobago deportó en noviembre, junto a los 11 adultos que los acompañaban. Esa devolución a Venezuela no se llevó a cabo, sin embargo, y tras pasar horas en altamar, los migrantes fueron retornados al país insular por orden judicial.

Nueve de esos menores fueron liberados el 31 de diciembre, pero separados de sus madres, que permanecen detenidas en Trinidad y Tobago.

La fuente añadió:

-Once adultos, nueve mujeres y dos hombres, permanecen bajo custodia de las autoridades junto a los menores en el helipuerto de Chaguaramas, 13 km al oeste de Puerto España.

Estos 27 migrantes -los 16 menores y los 11 adultos- obtuvieron un indulto de un juez, que ordenó detener la expatriación y dictaminó que los menores fuesen puestos en libertad bajo la custodia de sus padres una vez cumplieran cuarentena por covid-19.

No se les permite visita y no tienen acceso a una llamada telefónica", comentó la abogada especialista en derechos humanos Karla Henríquez, que les presta apoyo a estos migrantes. "Tienen una medida cautelar de protección de la Comisión Interamericana de Derechos Humanos (CIDH). No se ha cumplido".

AFP indicó igualmente que, según alerta de los familiares, las condiciones de reclusión son pobres.

-Cuando los migrantes retornaron a Trinidad y Tobago tras su expulsión, -precisó AFP- se difundieron vídeos en las redes sociales en los que se veía a los niños y a sus madres recostados tras barrotes sobre delgadas colchonetas en el piso.

"No tienen una buena alimentación, los niños ya se han enfermado en varias ocasiones, no nos dejan pasarles medicamentos o alimentos", expresó un allegado.

"Mis hijos salieron con diarrea (...). La comida que les daban era repugnante", cuenta otro.

Sobre los migrantes venezolanos el primer ministro, Keith Rowley, dijo que el país de 1,3 millones de habitantes se encuentra bajo "asalto" de mafias de tráfico humano que "usan niños inocentes"; una acusación rechazada por los familiares.

## TAPABOCAS INSPIRADOS EN SUS HISTORIAS

El 21 de enero de 2021 Voz de América reseñó que en la fronteriza ciudad colombiana de Cúcuta migrantes venezolanas confeccionan tapabocas inspirados en sus historias, de cuyas ventas se utiliza el 30% para el mejoramiento de los albergues que acogen a la población vulnerable que llega de nuestro país.

La fuente añadió:

-Ana María Echezuría trabajó en su máquina de coser, recordando aquellos atropellos vividos en su natal Venezuela y evocando los hechos, gracias a los diseños plasmados en las mascarillas que está ensamblando.

Ella hace parte del grupo de mujeres migrantes venezolanas, refugiadas y desplazadas colombianas que participaron en el corte, hechura y ensamble de tapabocas muy peculiares, pues muestran, a través de atractivos diseños, las etapas por las que pasa un migrante venezolano en Colombia.

Luego explicó:

-En un taller del barrio La Playa, en Cúcuta, zona fronteriza entre Venezuela y Colombia, casi 10 mujeres elaboraron alrededor de 5.000 tapabocas con diseños inspiradas en la historia de personas que han tenido que abandonar su país por causas de fuerza mayor.

Este emprendimiento, apoyado por la Agencia de la ONU para Refugiados (ACNUR), se dio gracias al trabajo de la diseñadora Adriana Contreras y el trabajo gráfico de la ilustradora Carolina Arias.

"La realidad es que, por estar acá, en Cúcuta, pues conocemos en carne propia toda esta desafortunada situación de los migrantes. Y yo siempre he tratado de colocar el tema social en mi trabajo", cuenta Adriana, quien hace 18 años creó su empresa de confección y ya había trabajado con ACNUR anteriormente en otro proyecto.

## MIGRANTE VENEZOLANA ABUSADA SEXUALMENTE EN ARGENTINA

El 27 de enero de 2021 El Nacional reportó:

*Ilustración 2. Foto: German García Adrasti*

- "Gracias a Dios no me acuerdo nada, no hubiese soportado recordar algo". Estas fueron las palabras que expresó la venezolana de 18 años que fue drogada y abusada sexualmente en Argentina tras responder a una solicitud de empleo publicada en redes sociales.

La joven, cuya identidad está protegida, asistió a una entrevista de trabajo en el local Garzón Martínez (como lo identifica la policía) para un puesto como vendedora de ropa.

Tras presentarse el sábado 23 de enero en el negocio, ubicado en Balvanera, ciudad de Buenos Aires, el dueño la contrató de inmediato y empezó a trabajar ese mismo día.

"Inicialmente él le hizo una invitación previa a cenar para hablar del trabajo, en una especie de entrevista personal, y ella lo rechazó", expresó Thays Campos, madre de la afectada a El Nacional.

La fuente añadió:

-La venezolana contó en una entrevista para TVV Noticias que en el transcurso del día el hombre le ofreció en varias oportunidades algo de tomar, pero ella lo rechazó. Incluso en una oportunidad le preguntó si quería un trago de vodka, pero la joven tampoco aceptó.

Sin embargo, cerca de la hora de cierre, mientras atendía a dos clientas, el hombre le acercó un vaso de agua que dejó sobre el mostrador.

"Minutos antes de que él cerrara ingresaron unas señoras y yo lo único que le dije es que iba a tomar agua. Pero la iba a tomar de un filtro que él tenía. Me levanté, las atendí y cuando regresé el agua ya la tenía allí. Hacía mucho calor y estaba tan metida de hacer bien el trabajo para quedar que no me percaté que ya la había servido", lamentó.

Poco después de tomar el agua la joven comenzó a sentirse mareada y vio cómo su empleador cerraba el local.

"Me pareció aún más extraño cuando veo que les pasó el candado a las persianas, cerró todo con llave. Inmediatamente le mandé un mensaje a mi mamá porque tenía miedo y veo que estaba cerrando todo", relató la víctima.

cicune.org

"Creo que el dueño de donde trabajo me drogó porque me siento mareada", expresó la víctima en el chat de WhatsApp con su madre, a quien le anexó la dirección del local.

Tras sentir que se le dormían las manos logró llamar a su hermana. "Marqué la última llamada de mi celular que por suerte era la de mi hermana y ella contestó, cuando ella contesta solo vi que la llamada estaba corriendo, pero ya no le pude hablar ni decir absolutamente nada porque sentí que me dormía", contó.

Inconsciente

Después detalló:

-La mamá de la joven venezolana estaba en el hospital con su esposo. Al recibir el mensaje decidió llamar a la policía. Salió apresurada rumbo al local.

Una vez en el sitio, y acompañada por oficiales, tocó reiteradamente la puerta del local. Tras la insistencia, oyeron la voz del hombre y los funcionarios ingresaron.

En el negocio Garzón Uniformes encontraron a la joven venezolana con el pantalón mojado, la ropa interior desajustada, vistiendo una camisa sucia del agresor y, aparentemente, dopada, por lo que fue trasladada en silla de ruedas hasta la ambulancia y llevada hasta el Hospital Ramos Mejía, donde fue contactada por la brigada de Violencia Sexual.

La denuncia del hecho quedó registrada en el Departamento Comisaría Comunal 3, de la ciudad

cicune.org

autónoma de Buenos Aires, con fecha del 24 de enero de 2021.

La víctima relató que se despertó en una ocasión y el hombre le estaba poniendo la ropa. "Él me estaba poniendo el pantalón y de allí, me imagino, me volví a dormir porque cuando desperté nuevamente estaba con una policía", dijo.

"Estaba drogada, con la ropa sucia, el torso desnudo y con una remera del hombre. La encontramos con la ropa interior mal puesta, descalza y con los cabellos revoltosos", aseguró Campos.

Sobre ese caso, el 30 de enero del mismo año la agencia EFE reportó:

-Buenos Aires. Dos fiscales apelaron la polémica decisión de una jueza de dejar en libertad a un hombre acusado de violar a una joven venezolana en Buenos Aires, un caso que ha despertado indignación en Argentina.

Según confirmaron fuentes judiciales, la apelación fue presentada por Silvana Russi, a cargo de la fiscalía nacional en lo Criminal y Correccional 41, y Mariela Labozzetta, titular de la Unidad Fiscal Especializada en Violencia contra las Mujeres.

En una presentación conjunta, ambas procuradoras reclamaron la revocación del beneficio de la libertad otorgado al acusado como "el único medio útil para asegurar los fines del proceso, la integridad de la víctima y el cumplimiento de los compromisos del Estado argentino en el ámbito del derecho internacional de los derechos humanos de las mujeres".

La excarcelación había sido concedida días atrás por la jueza a cargo del caso, Karina Zucconi.

El 3 de febrero del mismo año HispanoPost reportó:

-La Oficina de Violencia Doméstica (OVD) de la Corte Suprema de Argentina determinó que la joven venezolana, quien fue presuntamente drogada y abusada sexualmente el pasado 23 de enero en Buenos Aires por el hombre que le había ofrecido trabajo, está en una "situación de altísimo riesgo psico físico emocional", por lo que solicitó medidas de protección urgente.

La fuente añadió:

-En el documento, publicado por el periodista Gabriel Bastidas en su cuenta de Twitter, la OVD advierte que se estaría presentando "un patrón de comportamiento a repetición" por parte de Irineo Humberto Garzón Martínez, ya que, según las investigaciones realizadas, "habría ejercido conductas similares con otras mujeres".

Además, la OVD considera que existe "una clara violencia simbólica y sexual, en tanto un hombre se creía dueño de la voluntad de una mujer, a quien tomaría como un objeto, abusando de su dignidad y humillándola con su accionar".

Igualmente destaca que la joven tiene "cuadro de estrés postraumático, trastornos del sueño, presencia de pesadillas, ansiedad, conductas de aislamiento social, introspección, temor al afuera y prevalencia de sentimientos de culpa".

HispanoPost asimismo refirió que "El pasado martes 2 de febrero la joven venezolana, de 18 años, acudió junto a su madre Thays Campos a la Fiscalía N° 41 de la Ciudad de Buenos Aires para ampliar sus declaraciones sobre lo ocurrido el sábado 23 de enero, en el local comercial Garzón Uniformes, donde habría acudido a realizar una prueba laboral y terminó presuntamente drogada y abusada".

Campos aseguró que a su hija "le patearon el corazón" ante las últimas declaraciones de Osvaldo Cantoro, abogado de Garzón Martínez, quien además expuso el nombre de la joven, algo que hasta el momento se mantenía en estricto secreto.

## MIGRANTE AGREDIDA BRUTALMENTE EN ECUADOR

Giohanna Torrealba, una venezolana de 28 años, fue brutalmente agredida en Quito, Ecuador. La joven contó que no había podido pagar dos meses de alquiler del lugar donde se alojaba y que tenía un año sin cubrir los gastos relacionados con el servicio de agua, reportó el medio digital En la Bajaíta.

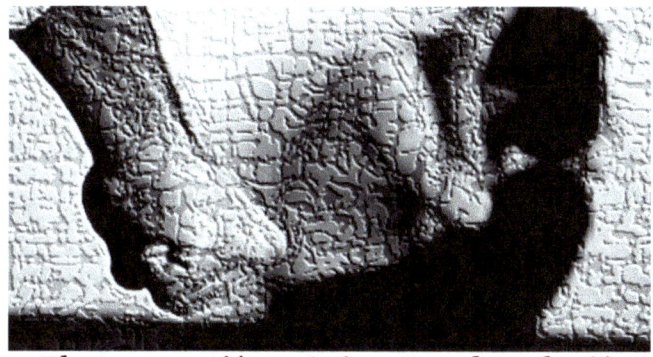

El caso ocurrió en Quito, Ecuador, el miércoles 20 de enero de 2021, aproximadamente a las ocho de la noche.

-Me agredieron –explicó la víctima- por dos motivos: el primero porque debía arriendo de dos meses y el segundo porque debía el agua de un año.

La fuente refirió además que la mujer tiene tres hijas: una bebé de 8 meses de edad, una niña de 7 años y otra de 11, y la agresión la sufrió cuando se preparaba para abandonar el lugar porque, según, en días anteriores había recibido amenazas por parte de sus arrendatarios, quienes les habrían advertido que sacarían todas sus pertenencias a la calle.

cicune.org

-Me estaba yendo, -confió la víctima- solo me faltaba montar en el camión la cama de las niñas. Los señores no me la querían entregar, yo les decía que no iba a regresar porque no tenía dinero para darles. Ellos querían dejar la cama de garantía y yo les decía que no.

Y agregó:

-Al ver ellos que yo insistía, el señor histérico, estaba con su hija y con su esposa. Me ahorcó, al ver que me tenía ahorcada me defendí, y en eso la hija de él me cayó encima. Ahí empezaron los golpes. El señor buscó un bate, me dieron golpes. El esposo de la hija del señor también entró con un palo. Allí fue cuando comenzaron a golpearme brutalmente.

En La Bajaíta señaló finalmente que Torrealba aseguró que la sacaron a la calle ensangrentada y se desmayó. Contó asimismo que una de sus hijas, que la abrazó cuando estaba siendo agredida, también recibió golpes.

"Perdí el conocimiento. Reaccioné cuando estaba en el hospital".

## EXPULSADOS DE CHILE

El 10 de febrero de 2021 El Tequeño informó:

-Chile expulsó este miércoles a un grupo de 138 migrantes venezolanos y colombianos que se encontraban varados en la frontera norte con Bolivia, una zona que desde hace días vive una fuerte ola migratoria que ha llevado al límite a pequeñas localidades fronterizas.

Y agregó:

-Estamos en presencia del primer vuelo que sale del norte y da cuenta de un proceso de expulsión, en su mayoría personas que ingresaron de forma clandestina hace menos de tres meses", dijo el ministro de Interior Rodrigo Delgado desde la pequeña localidad de Colchane, próxima a la frontera con Bolivia.

Después explicó:

-La ola migratoria, formada principalmente por venezolanos, provocó desabastecimientos y enfrentamientos entre autoridades y grupos de extranjeros, además del colapso del sistema sanitario por la pandemia, lo que obligó a instalar campamentos para mantener en cuarentena preventiva a los migrantes.

Según Delgado, la mayor parte de las personas fueron expulsadas por no haber regularizado su estancia en Chile, y una minoría fueron deportadas por motivos judiciales, entre ellos delitos relacionados con narcotráfico.

Y amenazó:

-Con esto nosotros estamos notificando a las personas que tienen intención de llegar a Chile por pasos no habilitados y de forma clandestina, que se arriesgan a un proceso de expulsión.

En la misma fecha, pero en El Nacional, Waleska Ureta, directora del Servicio Jesuita, señaló que millones de venezolanos están escapando del país por causa de la fuerte crisis económica, social, política y humanitaria que se vive en el territorio.

Y en tal sentido, pidió al gobierno de Chile brindar un trato humanitario a los cientos de venezolanos que están llegando al país por la frontera norte con Bolivia.

-Los migrantes venezolanos –advirtió- salen y buscan donde poder subsistir. Mientras no se resuelva la crisis en Venezuela esto va a seguir ocurriendo. Es relevante que se asuma y se reconozca que esta es una crisis humanitaria que trasciende al tema migratorio. Solamente con dispositivos o con medidas en línea migratoria o control de fronteras, esto no se va a resolver.

De igual modo señaló que millones de venezolanos están escapando del país por causa de la fuerte crisis económica, social, política y humanitaria que se vive en el territorio, y, por lo tanto, "los países de acogida o receptores de este flujo deben tener una respuesta humanitaria, acorde a lo que está sucediendo en el país de origen".

Asimismo, indicó:

-Es importante reconocer que nadie por gusto transita el desierto, con la geografía que tiene, con el clima, para poder llegar a otro país por gusto o por turismo. Más allá de las cifras, hay personas detrás de esto, que lo están pasando mal.

El mismo medio reveló el siguiente día la denuncia hecha por la Cruz Roja en la cual precisó que los migrantes venezolanos en Chile sufren desnutrición y neumonía

-Las personas –afirmó- viven en la intemperie en las plazas públicas y están expuestas a las bajas temperaturas: sin acceso a agua potable, artículos de higiene o servicios de salud.

cicune.org

Sobre estas expulsiones el entonces embajador del gobierno interino de Juan Guaidó en Colombia, Tomás Guanipa, tras criticarlas recordó:

-Durante la dictadura de Pinochet los venezolanos recibimos a más de 80.000 chilenos en nuestro país protegiéndolos de la dictadura. Indigna ver como el gobierno chileno pretende deportar venezolanos colocando en riesgo su vida frente al régimen de Maduro.

Y agregó: "¿Qué hubiese pasado si Venezuela en su momento los hubiese deportado a Chile y entregados al régimen de Pinochet? Es propicio recordar la estrofa del himno chileno que dice 'que o la tumba serás de los libres o el asilo contra la opresión'. Rectifiquen ese acto de inhumanidad".

Por su parte, María Teresa Belandria, embajadora de Guaidó en Brasil, también criticó la deportación y enfatizó que la medida de las autoridades chilenas ocurre cuando otros países de la región han tomado medidas para ayudar a los venezolanos ante la crisis del país.

-Mientras Colombia —expresó- protege a nuestros connacionales y Brasil los interioriza e integra a su sociedad, Chile ha decidido expulsarlos. Cuanto duele. ¡Qué rápido olvidaron lo que una vez fuimos para los perseguidos y exilados de ese país que hoy, nos desprecia!

## XENOFOBIA

El 13 de marzo de 2021 Gustavo Tovar-Arroyo @tovarr publicó en el portal La Patilla un artículo titulado "Xenofobia", cuyo contenido reflejó la realidad  de las agresiones sufridas por nuestros migrantes en algunos de los países de acogida.

El texto íntegro se reproduce a continuación:

-Antes de Hugo Chávez —esa maldición bubónica que le cayó a Venezuela y la arrasó como la peor peste conocida en nuestra historia— nadie podía suponer ni imaginar que los venezolanos, otrora respetados y admirados, iban a ser repudiados y abominados por todas partes de América Latina y el mundo. A la ruina socioeconómica y política que ha causado la peste chavista se suma la más degradante y vil de todas las ruinas: la moral.

El venezolano y lo venezolano, debido al chavismo, es despreciado y desgraciado por naciones que nos deben no sólo su libertad e Independencia, que en muchos casos nos deben su democracia.

Somos un pueblo malherido.

Pueblo humillado

-Nadie se salva, ni empresarios (la mayoría venidos a menos, exceptuando chavistas), ni deportistas, ni artistas, ni académicos, ni periodistas, nadie. De sólo hay que decir que provenimos de Venezuela se nos observa y atiende con pena, vergüenza ajena, como víctimas y en el peor y más desgraciado de los casos, se nos trata con asco. Me produce una profunda indignación que esto suceda (que ya es casi a diario), pues entiendo que nada cambiará mientras el chavismo rija el poder. Nada. Hay que derrocarlos para recuperar el honor y la dignidad malogradas.

Seremos –seguiremos siendo– objetos de desprecio, de sorna (los chistes sobre nosotros son inaguantables) y de lástima mientras el chavismo exista. Sí, damos lástima.

Somos un pueblo humillado.

Pueblo vejado

Un bandolero peruano asesina a mansalva a un joven comerciante venezolano y las cámaras del circuito cerrado de televisión muestran la barbarie. Una manada de xenófobos chilenos humilla a un grupo de venezolanos que intentan cruzar su frontera, su crueldad indigna. Un candidato a la presidencia de Perú –sí, a la presidencia– dice que nos arrojará al mar cuando alcance el poder, se topa con un venezolano e intenta golpearlo (sólo es candidato, ¡imaginemos!). Una alcaldesa colombiana después de un horrendo crimen cometido por un delincuente, que resulta ser venezolano, advierte de la "amenaza" venezolana, para ella somos un peligro.

Por más que hagamos llamados a la reflexión y a la tolerancia la situación empeorará, lo cierto es que los venezolanos estamos creando un drama social sin precedentes en Las Américas.

Somos un pueblo vejado.

Pueblo perseguido

Para sobrevivir, para que nuestras familias sobrevivan, para que nuestros hijos no sean maltratados, humillados, vejados y perseguidos, los venezolanos –me incluyo– nos hemos visto obligados al destierro. No ha sido nada fácil, no lo será jamás. La vida se nos va en idiomas, acentos, sabores, olores, visiones y culturas ajenas. Somos sonámbulos que andamos a tientas en otras tierras. Que nos maltraten, humillen y vejen es desconsoladoramente inhumano.

No somos delincuentes, la mayoría de los venezolanos, un noventa y cinco por ciento de los que hemos emigrado, somos trabajadores productivos. ¿Por qué nos agreden?

Somos un pueblo perseguido.

Pueblo bravo

No podemos seguir causando lástima ni mendigando respeto por el mundo, nuestra solución como pueblo, como cultura, como país, no está en la reivindicación de nuestros derechos humanos como extranjeros –que también hay que hacerlo– ni combatiendo por doquier contra la xenofobia de la cual somos víctimas. No, la manera de recuperar nuestra dignidad y honor es reivindicando nuestra bravura como pueblo y luchando como lo hizo Bolívar y Sucre contra los causantes de nuestro holocausto: el chavismo.

Las humillaciones no cesarán, las heridas no acabarán, las vejaciones no tendrán fin, la persecución será eterna, mientras no resolvamos nuestro único y central problema: la peste chavista. Esa debe ser nuestra única disposición de ánimo y nuestro único esfuerzo contra la xenofobia que nos afecta: acabar con el chavismo.

Seamos –lo ruego– el pueblo bravo que liberó a Las Américas.

Seámoslo...

- En la misma fecha, pero en El Nacional, con información de El Tiempo, de Bogotá, el medio especializado en chequeo de datos Colombiacheck, informó que los venezolanos ya conforman cerca del 3,6% de la población en Colombia, pero solo cometen 0,63% de los delitos.

Luego apuntó:

-El asesinato del patrullero Edwin Caro Gómez conmocionó a todos los colombianos. Más aún, porque después de su muerte se reveló un video que mostró los últimos momentos de su vida: él y su compañero les hacían una requisa de rutina a dos hombres cuando les dispararon a quemarropa, entre ellos un migrante venezolano implicado.

Hubo una balacera. Caro Gómez se desplomó en el piso y uno de los presuntos agresores también. Ambos murieron.

El hecho puso de luto al país. Varios líderes políticos expresaron sus condolencias por el fallecimiento del patrullero y, lentamente, se fue tejiendo un debate de fondo en torno a la seguridad en Bogotá.

Después señaló:

-En el hecho falleció un policía y uno de los agresores. Se capturó al otro implicado, de nacionalidad venezolana, y se incautaron dos armas", escribió la alcaldesa de Bogotá, Claudia López, la noche del 10 de marzo (el día de los sucesos).

A la mañana siguiente, la mandataria dijo en el homenaje al patrullero: "hay una minoría de migrantes profundamente violenta, que mata para robar o por una requisa, como pasó en este caso".

Según una información compartida por el medio especializado en chequeo de datos Colombiacheck, los venezolanos ya conforman 3,6% de la población en Colombia, pero solo cometen 0,63% de los delitos. Esto, sin embargo, no impidió que hubiera una borrasca de opiniones en las redes sociales sobre lo que pasó.

En pocas horas, términos como "venezolanos" y "venecos" se volvieron tendencia en Twitter, dando cuenta de las palabras más usadas por los ciudadanos.

El Barómetro de Xenofobia, una herramienta de la fundación "El derecho a no obedecer", que usa el Big Data para identificar los discursos de odio en contra del migrante venezolano en Colombia, registró una serie de cambios abruptos en las conversaciones.

En seguida especificó:

-De acuerdo con los datos que arrojó hasta el mediodía del 11 de marzo, hubo un aumento del 576% en las publicaciones discriminatorias "con respecto a su promedio diario del mes de marzo", señaló la fundación en un comunicado.

No obstante, también reportó un aumento del 1.152% en las "publicaciones de integración", que hacen referencia a comentarios de apoyo al migrante venezolano.

Alejandro Daly, director de El derecho a no obedecer, habló con El Tiempo y explicó a qué se deben estas cifras.

¿Qué efectos tuvieron las declaraciones de Claudia López en las redes sociales?

Lo que vimos fue un incremento de aproximadamente 500% en los comentarios de xenofobia en el territorio nacional. Esto se vio reflejado en palabras como "plaga", "ratas", "asesinos", que fueron treding topic en Twitter Colombia. Pero también vimos un aumento de aproximadamente 1.100% en comparación con el mes anterior de mensajes positivos, de lo que nosotros llamamos "denuncia de xenofobia": expresiones de rechazo a las declaraciones de la alcaldesa y a los comentarios xenófobos.

Eso fue a corte del mediodía del 11 de marzo. La verdad es que sigue siendo muy importante hacer un llamado de atención a los líderes de opinión, y en particular a los alcaldes y alcaldesas, frente a este tipo de declaraciones, porque lo que hacen es legitimar un discurso que puede terminar en la violación de derechos humanos del migrante venezolano.

## PANFLETOS CONTRA VENEZOLANOS EN BOGOTÁ

El 18 de marzo de 2021 El Nacional, con información de El Tiempo, reportó:

*Ilustración 3. Foto: Heidy Sánchez Barreto*

Los afiches contra migrantes venezolanos han aparecido, según la denuncia, en Américas Occidental, Bogotá. "Estas venecas nos están matando, no des limosna, comida, ni ropa. No arriendes, ni des trabajo. No seas cómplice de sus crímenes", es el crudo mensaje que se lee en uno de los carteles que han venido apareciendo contra los venezolanos en algunos sectores de Bogotá.

La denuncia la hizo pública en redes sociales la concejal Heidy Sánchez Barreto, de la coalición Colombia Humana-Unión Patriótica, en sus redes sociales.

"Estas son las repercusiones de la xenofobia de la alcaldesa Claudia López y sus discursos de odio. Esos afiches están siendo pegados en Américas Occidental, cerca del estadio de Techo en Kennedy. La alcaldesa está poniendo en riesgo a la población migrante", afirmó.

La concejal se refiere a algunas frases dichas por la alcaldesa de Bogotá Claudia López en las que señala que los extranjeros "no se pueden aprovechar de la solidaridad de Colombia".

López dijo, en referencia a los venezolanos en Bogotá, que primero asesinan y luego roban. Pidió garantías para los colombianos. "Yo respeto las políticas del gobierno nacional pero los colombianos necesitan garantías", manifestó.

Sobre ese acto xenófobo contra los venezolanos migrantes en la capital colombiana, inducido por la campaña de la alcaldesa Claudia López, el portal Costa del Sol especificó:

-BLU Radio habló con habitantes del sector en los que aparecieron, quienes rechazaron que se acuda a este tipo de panfletos contra una comunidad que, en su mayoría, viene a trabajar honradamente.

Sorpresa e indignación causó la aparición de varios carteles en la zona occidental de Kennedy, suroccidente de Bogotá, en la calle 3 con carrera 71g, en contra de ciudadanos venezolanos, por los recientes casos de inseguridad en la zona.

En los carteles, pegados en postes y fachadas de viviendas, se puede leer: "Estas ratas nos están matando. No des limosnas, comida ni ropa, no arriendes ni des trabajo, no seas cómplice de sus crímenes."

Luego señaló:

-Para vecinos como Rosa Díaz, la situación, aunque es compleja por los hurtos que se registran, no da pie para la xenofobia y estigmatización contra los venezolanos, que en su mayoría hacen el bien.

"No estoy de acuerdo, no todos son iguales y no me parece, la mayoría hacen cosas buenas. Además, aquí en esta zona roban mucho y no son siempre ellos, claro qué hay mucha indigencia de ellos, pero normal", dijo.

Entre tanto, Hugo Parra, otro ciudadano, opinó que deben tomarse medidas contra quienes llegan a la ciudad a delinquir.

"Los deberían sacar a los malos. Ellos son un peligro, los que son malos son muy desalmados. Hay que perseguirlos, pero a los malos, no a la gente buena, que a duras penas trabaja para comer", manifestó.

cicune.org

## LA DENUNCIA DE UNA DIRIGENTE DE PRIMERO JUSTICIA

El 18 de marzo de 2021 el portal Costa del Sol reportó:

-La dirigente nacional de Primero Justicia, Karim Vera, denunció la situación irregular por la que están pasando los caminantes que buscan escapar de Venezuela, debido a la crisis humanitaria sin precedente que día a día empeora y que al llegar a la frontera se encuentran sometidos a innumerables hechos irregulares que van desde el tráfico de drogas hasta la prostitución, auspiciado por cuerpos de seguridad venezolanos quienes tienen un contubernio con grupos irregulares que hacen vida en los límites por intereses económicos.

La fuente añadió:

-Vera explicó "los pasos fronterizos informales se han convertido en pasillos de reclutamiento de la gran mayoría de los venezolanos por parte de la guerrilla, quienes utilizan a los llamados caminantes, bien sea para actos delictivos o para trata de blancas y la prostitución de las mujeres. Las trochas se han convertido en grandes burdeles, en donde incluso nuestros hermanos están sometidos al tráfico de droga, auspiciado por algunos funcionarios de la FAN y la policía venezolana".

Detalló que en los límites fronterizos "la actividad comercial, por así llamarlo, es muy movida, ya que entre los funcionarios de seguridad venezolanos y los cuerpos irregulares cobran por el traslado de mercancía y por el paso de ciudadanos de un lado a otro. Frente a ese escenario, los ciudadanos se encuentran indefensos, ya que no tienen a donde acudir para formular denuncias respecto al tráfico de personas y al mismo reclutamiento por parte de la guerrilla".

Costa del Sol especificó, además:

-Por otro lado, la dirigente de la tolda aurinegra informó que la situación en Táchira cada vez empeora, "es un tema de humanidad, el salario mínimo no llega ni a un dólar, la gente se está muriendo de hambre y para colmo llegaron las lluvias y con ellas el desastre. Debido a que los puentes permanecen cerrados, la desesperación de la gente por salir o entrar al territorio, los lleva a exponer incluso sus vidas y pasar por cualquier vía e incluso atravesar el río y son vidas humanas las que se pierde".

Por su parte, la presidente de la subcomisión de asuntos fronterizos, de la legítima Asamblea Nacional Gaby Arellano, denunció la grave situación que sufren los venezolanos que se ven forzados a salir del país y son víctimas de xenofobia, explotación laboral, sexual y secuestro durante el Conversatorio "Desapariciones, un drama que crece en medio del conflicto armado en la frontera", organizado por FundaRedes.

Una Nota de Prensa del Centro de Comunicación indicó que, en ese evento, la parlamentaria igualmente aseguró que las ofertas de empleo engañosas a jóvenes venezolanos que desean emigrar han aumentado considerablemente en los estados Guárico, Portuguesa, Yaracuy, Apure, Barinas y Falcón.

-Lo que resaltan mis investigaciones –apuntó- son las denuncias de estafas y engaños a jóvenes venezolanos, donde señores que pertenecen a mafias de trata de blancas les dicen a las víctimas que trabajarán en compañías de telefonías y es totalmente falso.

Igualmente afirmó que muchas son obligadas a ejercer la prostitución, explotación sexual, son golpeadas, dopadas con estupefacientes y violadas en todos sus derechos.

-La mayoría de estas mujeres –expresó- llegan indocumentadas, estás mafias le retienen la poca documentación que tienen y son víctimas sin dolientes. Es decir, sus familiares quedan en Venezuela y no tienen como hacer una denuncia o registro denunció.

En su exposición Arellano detalló que los hombres migrantes también son engañados con ofertas laborales para trabajar en campos y fincas, pero terminan en manos de grupos guerrilleros y narcotraficantes.

-En Cartagena, -dijo- los jóvenes varones de 17 y 18 años son engañados para que terminen trabajando sexualmente para agentes extranjeros como libaneses y asiáticos.

## XENOFOBIA Y APOROFOBIA CONTRA MIGRANTES VENEZOLANOS EN PERÚ

El 19 de marzo de 2021 el portal El Pitazo reportó:

-Caracas. La xenofobia contra los venezolanos en Perú se mezcla con la aporofobia o el rechazo a los pobres, señaló Feline Freier, investigadora del Centro de investigación de la Universidad del Pacífico (Ciup).

Y agregó:

-Freier indicó a El Pitazo que, según una encuesta solicitada por la Agencia de la ONU para los Refugiados (ACNUR) en la que participó, cuyos resultados serán publicados en los próximos días, las percepciones negativas hacia la población venezolana migrante en Perú siguen creciendo.

Después indicó:

"Preguntamos a 1 mil peruanos que dijeran cuál es el porcentaje de venezolanos que son criminales y la gran mayoría respondió que la mitad de los venezolanos son criminales, lo que contrasta con el registro del Instituto Nacional Penitenciario (Inpe) de

Perú, que señala que únicamente 0,08% de los venezolanos estaban presos.

Por otro lado, el estudio reconoce una disminución progresiva del nivel socioeconómico de los migrantes forzosos venezolanos que llegan a Perú, pero señala, con base en estudios del centro de investigación Equilibrium Cende, que más de la mitad cuenta con estudios superiores o técnicos.

"Sigue siguiendo una migración altamente calificada", dice.

Asimismo, la investigadora del Ciup advierte sobre el peligro de etiquetar a la migración venezolana en Perú como criminales, hecho que – constató en el estudio realizado para ACNUR – es acentuado en mayor proporción por los medios de comunicación digitales peruanos.

Y apuntó que "La criminalización del migrante venezolano en los medios no ocurre tanto en los tradicionales impresos sino sobre todo en artículos online, y eso dicen los mismos editores y periodistas entrevistados: que es más en la prensa online, porque ahí lo que cuenta son los clics, y que el crimen peruano no vende, pero sí vende el crimen cuando es muy violento o cuando incluye a extranjeros".

Dijo que la mayoría de los peruanos encuestados para el estudio de ACNUR consideran que la migración en general y la diversidad cultural son positivas. Asimismo, la gran mayoría afirmó haber tenido experiencias positivas con venezolanos, pero señalan que culturalmente son muy diferentes, a pesar de que comparten un mismo idioma y la misma religión.

Igualmente, la investigadora del Ciup añadió que en entrevistas recientes a más de 100 venezolanos en cinco ciudades de Perú 67% de los hombres y 85% de las mujeres dijeron haber sufrido discriminación por su nacionalidad.

Además, encontró otro aspecto que considera relevante: los mismos venezolanos identifican diferencias entre la migración reciente.

-Sienten –destacó- que ellos fueron los buenos migrantes y ahora han llegado los malos migrantes.

## ESCLAVAS SEXUALES EN TRINIDAD Y TOBAGO

El 11 de abril de 2021 las periodistas Marielba Núñez y Claudia Smolansky, del portal armando.info, reportaron:

-Pierden la libertad apenas pisan cualquier playa trinitense y su "pecado original" es una supuesta deuda que estas mujeres solo pueden pagar convirtiéndose en una mercancía sexual. Las amansan con un proceso previo de tortura, rotación y terror hasta que pierden el impulso de escapar. El crecimiento de estas redes de trata es tan evidente que informes regionales y parlamentarios reconocen que, en esa maquinaria de engaño y violencia, la complicidad del aparato de justicia de la isla multiplica el número de víctimas.

Después indicaron:

-Lilia nunca imaginó que una simple solicitud de amistad en Facebook podía ser el comienzo de una pesadilla. Quien la contactaba no podía haber despertado menos sospecha: era una adolescente, como ella, que también residía en Maturín, al oriente de Venezuela. Primero fueron amigas en la red social y luego comenzaron a verse en el liceo donde estudiaba. La invitaba a fiestas y a otros espacios sociales junto a sus amigas. Un día, cuatro meses después de aquella amistad virtual, le ofreció empleo "recogiendo botellas en un restaurante" para ganar "un buen dinero", un anzuelo irresistible, en medio de la crisis venezolana, para Lilia, quien entonces tenía 17 años. Pero esa oferta estaba tan lejos de la realidad como de Venezuela. Engañada, Lilia terminó como rehén de una red de explotación sexual en Trinidad y Tobago. Como ella, fueron más de 21.000 las mujeres venezolanas, adultas y menores de edad, que han sido víctimas de trata de personas en los últimos 6 años en ese país, de acuerdo con cifras oficiales de la Comunidad del Caribe (Caricom). Las víctimas, indica un informe de ese organismo, suelen tener entre 18 y 25 años, aunque un número significativo tiene entre 16 y 17 y algunas son aún más jóvenes.

Seguidamente explicaron:

-Una vez captadas por las bandas criminales, muchas veces mediante engaño para que acepten su traslado a la isla, son sometidas luego a condiciones de esclavitud mediante la violencia física y psicológica. Este viaje al horror conduce a las víctimas a una prolongada explotación sexual, cuyo desenlace puede ser la detención, un peligroso escape o la muerte. Mientras tanto, el negocio de la trata entre los dos países continúa siendo rentable y los criminales permanecen impunes.

cicune.org

Las ofertas de trabajo engañosas suelen ser una de las estrategias de captación que utilizan con más frecuencia estas bandas criminales, una carnada infalible en un país que registra una pobreza del 94 por ciento, según una encuesta de 2020 realizada por la Universidad Católica Andrés Bello. La situación económica motivó una migración sin precedente del 18 por ciento de la población, un total de 5,5 millones de venezolanos en los últimos seis años, según datos de la Organización de Naciones Unidas para los Refugiados.

Seguidamente detallaron:

-Lilia les dijo a sus padres que iba a casa de una amiga, a una fiesta. Aquella noche de principios de noviembre de 2019, la adolescente salió solo con una pequeña cartera. Su salida no despertó en Jorge, su padre, ninguna sospecha, pero las dudas aparecieron cuando después de algunas horas no regresó a casa.

Los días siguientes, enviaba a sus allegados por Facebook mensajes que intentaban ser tranquilizadores, "con una información muy vaga, no decía ni dónde ni con quién estaba", según cuenta Jorge. Hacía pensar que estaba en Colombia o que iba rumbo hacia allá, pero no daba ningún dato que permitiera ubicarla. Solo después de tres semanas su padre recibió una llamada telefónica que confirmó sus peores miedos: su hija había sido detenida en una redada policial en Cunupia, en Trinidad y Tobago, junto a decenas de adolescentes que iban a ser explotadas sexualmente.

Cerca de 50 mujeres víctimas de trata estaban encerradas en distintas habitaciones en un bar en la región de Chaguanas, y en una casa ubicada en el sector Diego Martin, al noreste de la isla, según publicaron medios de comunicación. Eran una especie de "centros de acopio", desde donde las mujeres iban a ser distribuidas en varios locales nocturnos en la isla, según los reportes. Como Lilia, había otras adolescentes venezolanas de El Furrial, otra población del estado Monagas, y de Maracay, Estado Aragua.

Asimismo, señalaron:

-Los chats de Facebook, que su padre pudo revisar tiempo después, dan cuenta de que su captadora convenció durante meses a Lilia de emprender ese viaje. El perfil en Facebook de esta reclutadora de las redes de trata muestra a una chica muy joven con una red de amigos de más de 2.600 personas. En esa lista figuran cientos de nombres de adolescentes, principalmente estudiantes de distintos liceos y centros universitarios localizados en Maturín, aunque también de diferentes ciudades del oriente del país.

"Quizá nosotros como padres debemos tomar un poco más de precaución", se cuestiona Jorge. "Tanto miedo que yo siempre tenía y todo lo que le decía para protegerla, mi hija tuvo que aprenderlo de la peor manera. Las condiciones económicas llevan a que la gente se desespere y vienen este tipo de personas a ofrecer soluciones rápidas", se lamenta.

Y a continuación apuntaron:

-Una oferta de trabajo engañosa fue el mismo anzuelo que captó a Zurima, de 29 años, habitante de

Petare, Caracas. Ella y otra mujer fueron reclutadas en 2019 por un hombre que se hacía llamar Jonathan. Zurima tenía para ese entonces un cargo de ejecutiva de ventas telefónicas de una empresa de encomiendas, pero el sueldo que cobraba —en ese momento el salario mínimo en Venezuela era equivalente a menos de 6 dólares—, era insuficiente para cubrir sus gastos, especialmente los de su padre, que estaba enfermo y vivía en el Estado Sucre.

"Yo le mandaba medicamentos a mi papá, pero no podía con todo. Teníamos a Jonathan, nuestro amigo, que nos decía que le iba bien en construcción allá en Trinidad y Tobago. Yo hasta conocía a su familia, a su novia. Siempre nos habló de que había oportunidad de trabajo limpiando casas, o en bares, o restaurantes. Hasta que nos comentó la oportunidad de cuidar a la mamá de un trinitario, quien nos dijo que era un hombre serio", recuerda Zurima. Para viajar hasta Trinidad ellas debían trasladarse a Güiria, también en el oriente del país, desde donde tomarían un peñero que las llevaría a la isla. El pasaje les costaba a las dos amigas 500 dólares, pero ellas lograron reunir solo la mitad. El resto iba a ser cubierto por su empleador, acordaron ellas con el hombre que capitaneaba el bote que desembarcaría en la isla. Pero una vez que llegaron a destino, su supuesto empleador anunció que no cancelaría el monto en su totalidad, así que los capitanes les retuvieron los pasaportes, que nunca recuperaron. Ya entonces, sin siquiera sospecharlo, se habían convertido en rehenes de una banda de trata.

(Este reportaje fue reproducido en el portal La Patilla)

## CUMPLIMIENTO DE UN SUEÑO EN BUENOS AIRES

El 4 de mayo de 2021 Luis Pico, del portal El Diario, publicó un reportaje sobre Luis Castellanos, el migrante guitarrista que cumplió su sueño en Buenos Aires y que en Venezuela combinaba la música con un emprendimiento de comida cuya ganancia apenas la alcanzaba para estar al día.

-En Argentina, -explicó- con una guitarra a bordo del subte, ha podido vivir cosas que antes le hubieran parecido inalcanzables.

Y agregó:

- "¡Qué grande que sos!", le grita un desconocido al otro lado del vagón del subte -acá nadie lo llama Metro, ni siquiera los empleados-. Más cerca, una señora se acerca para dejarle un billete en la gorra, donde se forma una montañita de dinero que no para de crecer. Y mientras todo esto ocurre, Luis Castellanos sonríe, pues al finalizar la noche, luego de dos o tres funciones más, su guitarra le permitirá tener para pagar el alquiler y la compra en el supermercado, sin que ello lo prive de poder ahorrar algo.

No puede dejar de sonreír. Por momentos, siente que flota o que vibra, como las cuerdas de su instrumento, con el cual está hermanado desde que tiene conciencia, pues cuando era niño, soñaba con dedicar su vida a la música, una actividad con la que no se conformaba solo con pasar los ratos de los fines de semana, sino que desde un principio le apostó sus fichas más fuertes.

Luego apuntó:

-Corría el año 2017 cuando Castellanos llegó a Buenos Aires. El sueldo mínimo en Argentina, para el mes de julio, era de 10.000 pesos. Al cambio, unos 571 dólares según la tasa del Banco Nación, que marca entre 17,5 pesos por dólar y sirve de referencia para entidades bancarias y casas de cambio. Esa noche, en la que le ha salido todo de maravilla, logra juntar unos 2.500 pesos. A la felicidad de vivir de la pasión se suma la tranquilidad de tener las cuentas al día.

Lejos quedaron las noches de desasosiego para este músico, Luis Javier Castellanos, que dejó atrás su Maracay natal en Venezuela, donde debía dividir sus horarios entre un pequeño local de desayunos y almuerzos que fundó, y las tardes de ensayos y noches de presentaciones para apenas vivir con lo justo.

Pico señaló más adelante que Castellanos, conocido como Cápsula, se dio cuenta que vino a

Buenos Aires con esa idea y de repente vio cómo se estaba haciendo realidad, porque en Venezuela, en cambio, la música no daba para eso y con contratos y todo, apenas le servía para el día a día.

-Cuatro años antes, en el 2013, -recordó El Diario- integró junto con unos amigos el grupo La Cápsula -el nombre hacía guiño a su local, Cápsula Food-, con los que solía tocar en fiestas y eventos entre jueves y domingo. Aunque lograron abrirse paso en la capital del Estado Aragua e incluso ofrecieron conciertos en Valencia, la crisis económica, la escasez de insumos básicos, la inseguridad y la represión política se agudizaron con el paso de los años. Por lo que decidió emprender un viaje hacia lo desconocido y abandonó el país, con el apoyo de su pareja, pero sin la compañía del resto de la banda, la cual no contaba con recursos para emigrar, pero cuyo nombre artístico siguió usando Castellanos fuera del país, del que partió el 1° de enero de 2017.

Pico apuntó en seguida:

-Pese a haber tenido un local de comida y de haber organizado una venta de garaje con el objetivo de recaudar fondos que le permitieran subsistir en su llegada a Buenos Aires, a Luis le tocó "vérselas con el agua al cuello" antes de triunfar en el subte porteño.

Era una época en la que no se conseguían dólares en Venezuela. De aquella venta, apenas me compraron una cosa, y cuando llegué a Argentina tenía lo justo para pagar los trámites del DNI —Documento Nacional de Identidad, cuyo precio era de 1.500 pesos— y un mes de hospedaje. Cuando estás así no sabes si gastar en comida u otra cosa, hasta te lo piensas para viajar en transporte público", recordó Castellanos.

En medio del apremio tuvo la suerte de conseguir trabajo en un restaurante de sándwiches argentinos. Por lo menos, reconoce, no se sentía perdido en una cocina gracias a su experiencia previa, pero quería, eso sí, dejar ese trabajo lo más pronto posible. Y si podía ser gracias a la música, se sentiría imparable.

En Buenos Aires deambulan los músicos. Se les ve en parques, plazas, avenidas transitadas. Los hay con guitarras, bandoneones, baterías, trompetas. Y así como en una esquina puede escucharse rock nacional, en la siguiente no faltan el tango o la murga, o incluso géneros folclóricos de otras tierras, como la flauta peruana.

En el caso de Cápsula, cuando probó tocar en el subte, pronto se le cruzó uno de los cientos de vendedores ambulantes que entre andenes y estaciones ofrecen sus productos. Le pidió que parara: a esa hora no estaba permitido hacer música. Para su suerte, con trato afable, le indicó que, si quería sumarse a la movida, bien podría; las puertas estaban abiertas para todos, pero debía dirigirse a la estación San Pedrito, donde tendría que ponerse de acuerdo con el resto de los muchachos.

Posteriormente comenzó a freír tequeños en casa luego de que una amiga argentina lo animara a probar suerte. La voz se corrió por su zona de residencia. Sin preverlo, le llovían los pedidos, que entregaba a pie, hasta que otro amigo argentino le obsequió una bicicleta.

-Conmigo –reconoció- los argentinos han sido gente noble, desprendida, servicial. Es parte de su cultura y les estoy sumamente agradecido.

Pico precisó además que Castellanos no soltó nunca la guitarra.

-De hecho, -señaló- hoy la sigue tocando, no en el subte como quisiera, pero sí al aire libre, en compañía de solistas, dúos y grupos que van desde el clásico "Por una cabeza", de Carlos Gardel, hasta la bossa nova brasilera, tambores o rock latinoamericano.

## EL CUATRO LLEGÓ A PERÚ

El 19 de mayo de 2021 la periodista Natalia Cordoves Canache, del portal El Diario, publicó un reportaje sobre la llegada a Perú del cuatro venezolano de la mano del barquisimetano Luis Alexander Mujica, quien desde los 13 años se dedicó a la fabricación de instrumentos musicales, como parte de una tradición familiar que inició con su abuelo, el reconocido don Eladio Pérez Chirinos en Barquisimeto, Estado Lara.

-En Barquisimeto –explicó- Luis tenía su fábrica de instrumentos musicales, pero la situación socioeconómica complicó el acceso a los materiales y a las herramientas, incluso fue víctima de la delincuencia y le robaron el vehículo con el que trasladaba la mercancía. Además, sus problemas con el corazón lo obligaron a migrar junto a su esposa a Lima, ciudad en la que ya estaban viviendo sus dos hijos.

cicune.org

Luis contó que cuando llegó a Lima, en octubre de 2018, visitó y recorrió varias tiendas de venta de instrumentos musicales preguntando si tenían cuatro venezolanos y cuál era su costo, pero fue en vano su búsqueda. En las tiendas más populares los encargados le respondían que no conocían el instrumento de cuerda llamado cuatro y al explicarle de qué se trataba tampoco sabían. Entonces se dio cuenta de que era un mercado que no existía en Perú.

Luego especificó:

- Como todo migrante, al llegar a Lima le fue difícil encontrar un empleo similar al que tenía en Venezuela y pese a estar dispuesto a realizar cualquier oficio que estuviese legalmente permitido, las puertas se le cerraron en más de una ocasión.

Su edad y problemas del corazón, que le provocaron hasta un infarto, parecían ser los principales obstáculos para obtener ingresos estables en la capital peruana. Nadie lo quiso contratar, no creían que fuese luthier (persona que se dedica profesionalmente a fabricar y reparar instrumentos musicales de cuerda), ni que tuviera experiencia y mucho menos el talento que desarrolló por más de 40 años en su natal: Barquisimeto. Tampoco le dieron la oportunidad de demostrarlo.

Además, pagó las consecuencias de un grupo de personas que actúo mal y mancharon negativamente la nacionalidad venezolana en tierras incas, pues el empleador peruano prefería no arriesgarse a contratar a venezolanos y aseguraban que era mejor prevenir una mala experiencia que le hiciera perder tiempo y dinero.

Entonces junto a su esposa se vio obligado a recoger envases y materiales de plástico en las calles, para cambiarlos por unas cuantas monedas. Luis confiesa que la situación lo llevó a caer en una profunda tristeza e incluso llegó a sentirse arrepentido de haber dejado el país en el que nació. Además, no lo hacía sentir bien que su familia que quedó en Venezuela se enterara de lo que hacía para mantenerse.

Luego indicó:

-Mientras cumplía con la cuarentena decretada por la pandemia de covid-19 y demás medidas restrictivas anunciadas por el gobierno peruano y que lo obligaban a estar en su casa, decidió convertir sus días en tiempo productivo y empezó a fabricar un cuatro venezolano con las herramientas y materiales que tenía en su hogar.

Fue así como en septiembre de 2020 junto a sus hijos, comenzó a diseñar un modelo utilizando una caja de cartón, la cual le sirvió para realizar los primeros patrones del instrumento. Con trozos de madera, que había estado recogiendo en las calles, pudo fabricar su primer cuatro venezolano en Lima.

Sus años de experiencia en la fabricación de instrumentos musicales le dieron la facilidad de crear moldes, reglas y patrones pese a la precariedad y escasez de materiales, pues no tenía ni siquiera las herramientas básicas, sin embargo, las ganas, el talento y una gran imaginación fueron suficiente para iniciar este proyecto con el que promueve la cultura venezolana en el extranjero.

Seguidamente señaló:

-Con la ayuda de sus hijos compartieron las fotos del primer cuatro venezolano en las redes sociales, publicación con la que dio a conocer su emprendimiento en el mundo musical y con la que iniciaron las primeras ventas. Con el tiempo su trabajo se empezó a popularizar en especial entre la comunidad venezolana que vive en Perú, no solo los que están en Lima, si no en otras ciudades como Trujillo, Ayacucho, Puerto Maldonado y Arequipa a las que ha enviado el instrumento musical.

Esto es como si le estuviese dando una vida a otra persona a través del cuatro. Con mi trabajo siento que he ayudado a músicos talentosos, tanto venezolanos como peruanos. Esto se trata de un apoyo mutuo, ellos compran el instrumento y yo formo parte de su conexión con el arte y de su vocación en la música. Además, con esto quiero demostrar que nosotros somos gente emprendedora y luchadora", expresó Luis.

La periodista igualmente destacó que en ocho días puede fabricar seis piezas de cuatro del modelo básico, pero también elabora otros más sofisticados y con mejores acabados, según la demanda de sus clientes. Cada semana tiene pedidos y en los próximos meses espera fabricar cuatros eléctricos y maracas, instrumentos que los interesados podrán solicitar en su cuenta de Instagram @instrumentosjlmujica.

-Luis siente –puntualizó- que su trabajo también contribuye al desarrollo de otras culturas, y en este caso por vivir en Perú siente que la receptividad con su emprendimiento musical ha sido buena. Según su experiencia a los peruanos le gusta mucho la música de cuerda, entre los instrumentos que son parte de su música típica está el charango y el ukulele; el cuatro sería familia del ukulele.

En otro segmento del reportaje su autora puntualizó:

-Hace ocho meses con cartones y madera que recogía en las calles, empezó fabricando en plena pandemia los instrumentos musicales en el piso de la casa que alquila. Hoy gracias a su esfuerzo y el apoyo de su esposa e hijos ya realiza alianza con destacados artistas plásticos para crear cuatros personalizados y también coordina envíos internacionales para los venezolanos que, desde Bolivia, Ecuador, Chile, México, Estados Unidos y España le han hecho pedidos.

Su proyecto es terminar de enseñar a la perfección a sus hijos para que ellos sean quienes estén al frente del negocio y sigan adelante con la tradición familiar en Venezuela o fuera del país, ya que en su natal Barquisimeto su familia ya no fabrica instrumentos musicales por el alto costo del material y de las herramientas, incluso algunas no se consiguen y, según señaló, el gobierno ha limitado el acceso a la madera.

## MIGRANTES DEL SECTOR SALUD FUNDAMENTALES PARA ATENDER LA PANDEMIA EN LATINOÁMERICA

El 25 de mayo de 2021 un despacho de la agencia de noticias EFE reportó que migrantes venezolanos del sector salud han sido fundamentales para atender la pandemia en Argentina, Brasil, Colombia, Chile, México y Perú, donde a la fecha había al menos 20.000 profesionales laborando en el área asistencial.

Y agregó:

-La pandemia del coronavirus facilitó la incorporación al mercado laboral de migrantes y refugiados venezolanos del sector salud en América Latina, y reveló el papel esencial que desempeñan como actores de desarrollo en la región, a pesar de ejercer sus labores en condiciones poco favorables.

Así lo revela un estudio divulgado por la Organización Internacional del Trabajo (OIT), que busca visibilizar el aporte de este cuerpo de profesionales de la salud proveniente de Venezuela en la lucha contra el covid-19 en Argentina, Brasil, Colombia, Chile, México y Perú.

Migrante venezolana falleció cuando cruzaba a pie la frontera entre Chile y Bolivia

Luego destacó:

-Estos seis países latinoamericanos concentran aproximadamente 3,6 millones de personas refugiadas y migrantes de Venezuela. Esto representa cerca de 70% del total de esta población alrededor del mundo.

La OIT estima que, en estos países de acogida, hay al menos 20.000 médicos venezolanos. Aunque advierte que las cifras reales podrían ser significativamente superiores, a falta de datos oficiales.

El informe se denomina "El aporte de las personas refugiadas y migrantes venezolanas frente a la pandemia del covid-19 en los servicios esenciales de salud". Y subraya que la respuesta de algunos países para superar el déficit de profesionales sanitarios abrió puertas a refugiados venezolanos, quienes comenzaron a laborar en la primera línea de la batalla contra el virus, independientemente de contar o no con los requisitos legalmente establecidos.

## EL NARCODICTADOR NICOLÁS MADURO ES CULPABLE DE LA DIÁSPORA

El viernes 28 de mayo de 2021 el entonces presidente interino de Venezuela, Juan Guaidó, aseguró en las redes sociales que la crisis migratoria venezolana no es consecuencia de un bombardeo sino por el régimen de Nicolás Maduro.

Esta afirmación fue su respuesta a los eventos ocurridos al sur de Texas, Estados Unidos, cuando un grupo de decenas de migrantes venezolanos se aventuró a cruzar el río Grande para escapar del régimen chavista de Nicolás Maduro.

Según Guaidó, la crisis ha sido causada por la dictadura y su guerra en contra del ciudadano.

-Son millones –enfatizó- los que se han tenido que migrar, son 6.000 km de camino en busca de futuro, que solo será posible con una solución al conflicto que generó el régimen".

Luego apuntó:

-El Acuerdo de Salvación Nacional es necesario para más nunca un venezolano tenga que huir, luchamos por reunir a la familia y para recuperar nuestro país", sentenció.

## UN VENEZOLANO EN MÉXICO ELABORA TORTAS INSPIRADAS EN PELÍCULAS FAMOSAS

Pedro Sequera elabora tortas inspiradas en películas y sus creaciones son una revelación en México, país al que emigró hace varios años.

Él es del Estado Lara, donde nació el emprendimiento que continuó en tierra azteca.

Fabiana R., del portal El Diario, dio a conocer pormenores de este artista de la repostería el 16 de agosto de 2020.

En efecto escribió:

-Las tortas de Wonder Cakes son "pasteles soñados", esta es la mejor definición que encontró Pedro Sequera, el autor de este emprendimiento de repostería, para describir sus creaciones, las cuales nacieron durante el año 2015 en Venezuela y posteriormente emigraron a México, nación que le ha permitido crecer como artista pastelero desde hace más de cuatro años.

Sequera es oriundo del Estado Lara. Antes de incursionar en la repostería fue paramédico, pero solo logró ejercer su profesión por un año. Después se dedicó a preparar tortas. Si bien esta labor siempre había llamado su atención, en ese momento lo hizo por necesidad ya que sentía que si salía de su país debía defenderse en algún otro ámbito que le permitiera generar ingresos.

Luego indicó:

-Al llegar a México no todo fue tan sencillo como Pedro creyó que sería. Él y su pareja comenzaron vendiendo cupcakes en la calle, entregaban volantes, ofrecían figuras de recuerdos para matrimonio, baby shower y comuniones, asegura que fue complicado recibir una oportunidad.

Todo cambió con el "boom", como lo describe él, del pastel de la famosa película mexicana Coco, los actores y hasta el mismo director de la cinta compartieron su trabajo. Para Pedro esa fue una gran oportunidad para que mucha gente supiera de Wonder Cakes.

A continuación, apuntó:

-El venezolano comenta que a pesar de que sus tortas no son fáciles de preparar, con cariño y pasión ha obtenido excelentes resultados. Su estilo en la repostería es muy particular, siempre intenta buscar algo que haga única a sus creaciones y que los clientes no estén acostumbrados a ver en una típica torta, eso incluye decoración, figuras y estructura.

Una vez una profesora me dijo, 'si vas a hacer algo que te guste, trata siempre de ser el mejor en esa área' y creo y estoy seguro de que eso impulsa mucho, trato de ser el mejor en lo que hago y darles el mejor resultado a mis clientes además cuento muchísimo con el apoyo de mi familia desde la distancia y eso me motiva", expresó en entrevista a El Diario.

La periodista de El Diario continuó:

Sus creaciones están basadas principalmente en películas, procura que los personajes o los elementos que se puedan ver en la cinta se vean reflejados y abarquen todo el pastel. "Lo que nos pida el cliente trato de darle muchas formas, texturas y colores que están fuera de lo común y de ser necesario veo las películas para así poder incluir detalles que no puedes ver si buscas una simple imagen de la temática que te han pedido", detalla Sequera.

Sobre la duración para crear las tortas, el venezolano explicó que depende de lo complejo que sea el tema por reflejar.

Los más sencillos pueden durar de uno a dos días para su elaboración, otros como el que estuvo inspirado en Alicia en el país de las maravillas le tomó ocho días de producción. En lo que más suele demorarse es en las figuras que son elaboradas con azúcar o fondant.

Posteriormente especificó:

-Entre sus obras favoritas está la Piratas del Caribe, por la posición que pudo adoptar el barco, Alicia por su estructura y distribución de personajes tan únicos, Maléfica porque ha sido hasta ahora la figura más grande que ha moldeado y Caballeros del Zodiaco por los recuerdos que le trae de su niñez.

Pedro no puede dejar de mencionar las tortas que hace todos los años cada 14 de enero en honor a las creencias de su familia, ya que son devotos de la Divina Pastora y asisten todos los años a su procesión en Barquisimeto, estado Lara. Para él, este gesto es una manera de sentirlos cerca.

## MIL QUINIENTOS MILLONES DE DÓLARES PARA MIGRANTES VENEZOLANOS

El 17 de junio de 2021 la periodista Oriana Rivas, de PanamPost, anunció la donación de $ 1500 millones para migrantes venezolanos dispersos por distintos países de América Latina con el loable propósito de dar respuesta a la tragedia humanitaria que ha provocado la dictadura chavista.

-Sin duda los ojos del mundo –indicó OR, también exiliada- observan atentos la grave crisis migratoria venezolana. Son más de 5,6 millones de migrantes y refugiados repartidos en todo el mundo; alrededor de 4,6 millones están solo en América Latina. La situación es tan grave que países de todo el mundo anunciaron una donación de 1554 millones de dólares.

La donación estará destinada a cubrir necesidades de migrantes y refugiados en situación de crisis humanitaria en la región. Además, también habrá aportes para agilizar la vacunación en Venezuela.

De esta manera, la comunidad internacional oficializa un espaldarazo a los venezolanos que salieron de su país a causa de la dictadura iniciada por Hugo Chávez y perpetuada por Nicolás Maduro.

Luego especificó:

-Del monto total, 954 millones de dólares serán donaciones y 600 millones créditos, informó la Conferencia Internacional de Donantes en Solidaridad. Son 46 países participantes, más organizaciones como el Banco Mundial o el Banco Interamericano de Desarrollo (BID). Canadá, el país organizador, donará 93 millones de dólares.

Lo que está pasando en Venezuela sobrepasa en muchos casos el umbral de la tragedia. El flujo migratorio es el segundo más grande del mundo luego de Siria. El país de Medio Oriente tiene una década en guerra, originando el exilio de más de ocho millones de personas para 2019.

Las causas de la migración venezolana se reducen en dos grandes ejes: nulo poder adquisitivo que ha llevado a las familias a la miseria y la inseguridad que reina anulando la calidad de vida. Mencionar el salario mínimo se ha hecho costumbre en las informaciones que circulan sobre el país. Los tres dólares que reciben mensualmente los trabajadores no alcanzan para cubrir los 217,95 dólares que cuesta la canasta alimentaria.

Después, en el intertítulo "Donaciones por país", apuntó:

-El régimen venezolano hace de oídos sordos ante su propia desidia. Sin embargo, la realidad sigue estando ahí. Esta vez, la Conferencia Internacional de Donantes en Solidaridad anunció que el monto de este año superó el de 2020, calculado en 653 millones de dólares.

Además del reconocimiento a la crisis, los países también dejan por sentado el impacto que está teniendo en las naciones cercanas a Venezuela, donde muchos migrantes han llegado caminando. Filippo Grandi, Alto Comisionado de las Naciones Unidas para los Refugiados (ACNUR) definió lo que está ocurriendo como «una coyuntura crítica» que empeoró debido a la pandemia.

Estos son algunos países que anunciaron su donación en beneficio de los migrantes provenientes del país sudamericano:

España: 59,5 millones de dólares, sumados a otros €50 millones de euros comprometidos en 2020.

Japón: 2,35 millones de dólares para contribuir con la vacunación en el país.

Italia: Dos millones de euros (más de 2,3 millones de dólares). Entre 2019 y 2020 el país ha aportado 5,5 millones de euros para la atención de la crisis migratoria en América Latina, y otros cuatro millones de euros para acciones humanitarias adentro de Venezuela.

Estados Unidos: 407 millones de dólares. En total el país ha aportado más de $1700 millones de dólares desde 2017.

Irlanda: 2 millones de euros.

Posteriormente señaló:

Alrededor de 2,6 millones de venezolanos poseen permisos de residencia o de estancia regular concedidos en todo el mundo, según cifras de ACNUR. Otros 850.818 tienen pendiente recibir la condición de refugiados. Mientras que a 171.793 les fue concedida dicha condición.

Pero en el medio hay personas en estatus irregular, que salieron del país sin los documentos necesarios para presentarlos en el lugar de destino. Colombia es uno de los países que durante la Conferencia reiteró su compromiso por regularizar a 1,8 millones de migrantes mediante el nuevo mecanismo de Estatuto Temporal de Protección implementado bajo la presidencia de Iván Duque.

Ecuador, Perú, República Dominicana y Estados Unidos comunicaron la misma intención.

Aunque haya motivos políticos que puedan interponerse, como las intenciones de Pedro Castillo de expulsar extranjeros, queda por sentado que la migración venezolana llama la atención para países tan lejanos como Japón.

Por su parte, el régimen de Maduro calificó la donación para los migrantes como una "farsa mediática" y una "política injerencista de máxima presión". Nada sorprendente este pronunciamiento.

(Para la narcodictadura de Nicolás Maduro la diáspora externa que por primera vez en toda su historia sufre Venezuela, es un invento de la oposición para desacreditarla ante los ojos del mundo, que no entiende cómo nuestro país ha llegado a esos extremos de manera masiva cuando más dinero ha recibido por concepto de los abundantes ingresos petroleros que no han servido para beneficiar al pueblo sino para enriquecer a un grupo del ominoso régimen. Con ese dinero robado a PDVSA se hubiera pagado la deuda externa y elevado la calidad de vida venezolana que, en 1999, cuando el teniente coronel (retirado) Hugo Chávez se hizo del poder mediante el voto, luego de fracasar en la intentona golpista del 4 de febrero de 1992, era aceptable y beneficiaba a las mayorías)

## UNA PROFESORA VENEZOLANA ENSEÑA MATEMÁTICA EN LA TELEVISIÓN ARGENTINA

El 18 de junio de 2021 El Nacional, con información de Voz de América registró el caso de una docente venezolana egresada de la Universidad Central de Venezuela, llegada a Argentina tres años antes de esa fecha dictaba clases de matemática en un programa televisivo de ese país.

Se trata de Marlyn Ramos, licenciada en Educación con mención en matemática, quien comenzó a enseñar por medio de una transmisión en

vivo con la intención de enseñarle a los niños y sus padres.

Ella explicó a Voz de América:

-Buscamos darles las herramientas a los papás para que puedan acompañar a sus hijos en la etapa de aprendizaje.

Luego explicó que su estrategia como docente consiste en enseñarle a los padres qué juegos lúdicos pueden realizar con sus hijos para que puedan resolver los ejercicios, y la meta es lograr que los niños entiendan y razonen por sí mismos si su manera de resolver los problemas matemáticos es la adecuada.

La fuente apuntó después:

-Para Marlyn Ramos ha sido un gran reto enfrentarse a la televisión en vivo en Argentina, país en el que reside desde hace tres años. Durante su estadía en el país trabajó con el gobierno de la Ciudad de Buenos Aires y, ahora, quiere adaptarse a los nervios de enfrentarse a la televisión.

Seguidamente la profesora comentó:

-En un aula el contacto con el alumno es directo, uno ve si está aprendiendo, si entiende o si no. Acá solo tengo a mis compañeros, que me ayudan y hacen las veces también de alumnos.

Voz de América señaló además que Ramos tiene 17 años de experiencia como docente que la han ayudado a conseguir empleo en Argentina y mantenerse. - -Actualmente, -indicó- la docente cuenta con una agenda ocupada: Del canal se traslada a una escuela para luego ir a otra. Finalmente, su día termina en su casa con clases particulares para aquellos que la necesitan.

(venezolanas denuncian que les exigen sexo

como pago de arriendo)

## NIÑOS MIGRANTES VENEZOLANOS PARTICIPAN EN EL CARNAVAL DE BARRANQUILLA

El 17 de febrero de 2020 el portal La Patilla, con información de la agencia de noticias EFE, reportó:

*Ilustración 4. Foto EFE*

-Con un claro mensaje de inclusión y de rechazo a la xenofobia, 24 niños inmigrantes venezolanos participaron este domingo en el desfile del carnaval infantil que antecede a la gran fiesta de la ciudad colombiana de Barranquilla, donde bailaron ritmos tradicionales de su país.

El Carnaval de Barranquilla, considerado por la Unesco "Obra Maestra del Patrimonio Oral e Intangible de la Humanidad", este año se celebrará del 22 al 25 de febrero en un festejo en el cual se reúnen expresiones emblemáticas de la memoria e identidad del pueblo barranquillero, del Caribe colombiano y del Río Grande de La Magdalena.

Y agregó:

-Los jóvenes venezolanos forman parte del grupo "Chamos a lo bien" y su presentación en el Carnaval de los Niños estuvo impulsada por el Secretariado de Pastoral Social de Cáritas en Barranquilla y la Oficina en Colombia del Alto Comisionado de las Naciones Unidas para los Refugiados (ACNUR).

Esta es la primera vez en la historia del Carnaval de Barranquilla que participa una comparsa de niños de Venezuela, que actualmente viven con sus familias en la barriada El Ferry, un deprimido sector de la capital del departamento caribeño del Atlántico.

Luego apuntó:

-Darianne Estrada, una niña de doce años que llegó hace cinco meses a Barranquilla y es oriunda de Caracas, califica como reconfortante el apoyo que ha recibido de otros niños venezolanos que están viviendo en Barranquilla.

"En Venezuela nunca había salido a bailar a la calle y esta es la segunda vez que salgo en Barranquilla", expresa a Efe con una amplia sonrisa.

Franye Alfonso Vila García, quien ha vividos dos de sus quince años en Barranquilla, a donde llegó con toda su familia huyendo de la crisis económica de Venezuela, agradeció a sus profesores del colegio por permitirle salir a desfilar en la comparsa.

Después señaló:

-Según la coordinadora psicosocial del proyecto de Pastoral Social, Katia Polo, esta es la segunda vez que los niños desfilan en Barranquilla, pues ya lo habían hecho el pasado 7 de diciembre durante el Festival de la Luz que se realizó en la ciudad como parte de la celebración de la Noche de Velitas.

Según explicó a EFE Alba Marcellán, jefa de la oficina de la ACNUR en Barranquilla "En la arenosa venezolanos y colombianos se la gozan" es el lema que se busca transmitir este año en el Carnaval" e indicó que "Lo más interesante es ver que los venezolanos quieren sumarse a contribuir a darle luz a lo que hace Venezuela en el Carnaval de Barranquilla".

EFE agregó:

-Esto lo corrobora Mernis Gil Herrara, que es madre de Iriani Saraí uno de los menores que forma parte del grupo de bailarines.

La mujer asegura que, aunque quisiera regresar a Venezuela, "por el momento no se puede porque la situación está difícil", pero es consciente de que mientras se celebre el Carnaval de Barranquilla tiene que disfrutarlo y hacer que su hija se sienta bien allí.

Igualmente precisó que "Además de los niños venezolanos, salieron a desfilar centenares de jóvenes, entre ellos grupos de bailarines autistas o con síndrome de down, que con sus movimientos se ganaron el favor del público".

## UN EDITORIAL DE EL NACIONAL SOBRE LA MIGRACIÓN

"Huída y regreso al infierno" fue el título del editorial de El Nacional publicado el 17 de mayo de 2020, que por su importancia documental se reproduce íntegro a continuación:

-En 2016, comenzó a extenderse el cada vez más terrible y complejo fenómeno social venezolano, que ha consistido —y consiste— en huir del país. Con el paso de los días, las semanas y los meses, la huida se masificó. Creció de forma extraordinaria en los años siguientes, hasta que en 2018 adquirió las proporciones de problema continental, que ha exigido —y exige todavía— la movilización de autoridades, gobiernos, organizaciones no gubernamentales y organismos multilaterales. En varios artículos me he referido a esta cuestión. A comienzos de 2019 estuve en Cúcuta (capital del Departamento Norte de Santander), ciudad frontera del oeste de Colombia, y pude ver a miles de venezolanos en condición de refugiados, escuchar los testimonios de unos pocos, y comprender la magnitud del dolor y la incertidumbre que envolvían sus vidas.

La primera cuestión que quiero recordar aquí es que alrededor de 4 millones de personas huyeron de Venezuela en un período de unos cinco años. Huyeron ante lo que entendieron como peligros inminentes: el hambre en constante crecimiento; el espacio público en manos de grupos armados; el colapso sostenido de los servicios públicos —especialmente la energía eléctrica y el agua potable; la liquidación de empresas y la desaparición de fuentes de empleo; la aniquilación, en la realidad, de los servicios hospitalarios y de atención primaria. Huían, por la razón primordial que se huye de las dictaduras, las guerras y las catástrofes: para salvar la vida.

Un porcentaje, menor a 8%, lo hizo por vía aérea, atendiendo a una mínima planificación. Más de 90% salió por las fronteras, en buses, arremolinados en camiones, en bicicletas o emprendiendo largas y penosas marchas a pie. Personas solas —especialmente jóvenes—, parejas de todas las edades y hasta familias con niños y bebés, tomaron el riesgo incalculable de cruzar la peligrosísima frontera de Venezuela y Colombia, o la también riesgosa frontera de Venezuela y Brasil, buscando sobrevivir.

Se cuentan por cientos de miles —léase bien, cientos de miles— las personas que huyeron sin un destino al que dirigirse. Que a veces no tenían más referencia que el nombre de un pueblo o una ciudad en Perú, Colombia, Ecuador o Brasil. No más que eso. O que habían escuchado de algún vecino, que tenía un familiar en tal parte. Y nada más. Huían sin un centavo en los bolsillos, sin ninguna perspectiva concreta de trabajo, sin un lugar donde dormir, sin información o idea de cuál sería el punto en el que finalmente se establecerían. Literalmente, sin nada, salvo ese voluntarismo tan poderoso que consiste en sobrevivir.

A lo largo de estos años, no ha habido un día en el que los venezolanos que huyeron no hayan sido fuente de noticias. Para los gobiernos de varios países, mencionaré aquí los de Colombia, Brasil, Ecuador,

Perú, Chile, Bolivia y Panamá, pero también otros, el torrente venezolano ha exigido invertir recursos de toda índole, para atender la emergencia. En la respuesta de las autoridades de la región latinoamericana ha predominado la solidaridad activa, a pesar del costo político que ello ha supuesto.

De distintas partes del mundo, no solo de América Latina, han surgido informaciones que hablan de sorprendentes emprendimientos, de indiscutibles demostraciones de talento, de proyectos que han logrado posicionarse en la producción, los servicios, lo académico o lo cultural. Pero no es todo. También ha ocurrido, especialmente en algunas ciudades de Colombia, Ecuador y Perú, que venezolanos han participado en delitos y acciones criminales. Algunos de estos hechos han sido el producto de una violencia atroz. Esa criminalidad extrema ha sido un factor clave, no lo podemos negar, que ha contribuido a despertar ciertas lamentables expresiones de xenofobia, que es también un tema que merecería una mayor atención de parte de los gobiernos, pero también de entidades como la Cepal, con capacidad de producir un diagnóstico sobre este candente asunto, en el ámbito de toda la región.

Así las cosas, la irrupción de la pandemia ha significado para cientos de miles de compatriotas, que habían logrado establecerse de algún modo en decenas de países —con sacrificios, aceptando empleos precarios, viviendo en condiciones de enorme dificultad—, nada menos que la obligación de regresar a Venezuela, toda vez que la debacle económica que ha desatado el covid-19, hace inviable, insostenible, la posibilidad de mantenerse en los países a los que huyeron. Puesto que la crisis económica tiene un carácter planetario, no queda otra alternativa que volver al propio país.

Un capítulo que merece la mayor atención de los lectores es la nueva ruta de padecimientos que están sufriendo miles y miles de venezolanos que, sin recursos, sin ahorros, sin apoyo de ningún ente, están obligados a regresar a Venezuela, y que no encuentran cómo hacerlo. Muchos están en condiciones de hambre y en la calle, especialmente en América Latina. Compatriotas durmiendo en las calles, apostados en las puertas de alguna embajada, en esperas sin final previsible en terminales de buses o afrontando los peligros de nuevas caminatas, son las nuevas escenas que nos están proveyendo los medios de comunicación.

Como lo advertí en mi artículo del domingo pasado, Venezuela se ha convertido en un territorio que se han repartido centenares de bandas de delincuentes, en su mayoría bandas armadas. En eso consiste la tragedia que deben afrontar los cientos de miles que ya han comenzado a regresar: que no regresarán a una nación, sino al infierno del socialismo del siglo XXI, ahora mismo en una situación mucho peor que cuando se marcharon.

cicune.org

## MIGRANTES VISIBLES E INVISIBLES EN PERÚ

El 23 de mayo de 2020 el portal Costa del Sol, con información del diario español El País, publicó un reportaje sobre la presencia de migrantes venezolanos en Perú, donde la xenofobia y la aporofobia han alcanzado dimensiones altamente peligrosas estimuladas por las autoridades y la llamada prensa sensacionalista o chicha.

-Johan Rodríguez (24 años) y su pareja, la peruana Leidy Vásquez (15 años), embarazada de cuatro meses, -comenzó diciendo- miran la televisión en la habitación que alquilan por 15 soles (unos cuatro euros) diarios. Antes del estado de emergencia ambos trabajaban como dependientes en diferentes comercios, pero desde mediados de abril, debido a la falta de ingresos, van a pedir comida a las parroquias del centro de Lima. Los dos se ha quedado sin ahorros y ya no saben cómo podrán pagar el alquiler del mes.

Luego indicó:

-En el Perú viven casi 1.000.000 de venezolanos exiliados y la mayoría trabaja en el sector informal sin contratos ni protección laboral. Esto los hace muy vulnerables a los impactos económicos y de salud de la pandemia de Covid-19

Con más de 860.000 venezolanos viviendo en él y alrededor de 394.000 que han solicitado la condición de refugiado, Perú es el primer país de acogida de estas personas con necesidad de protección internacional y el segundo destino de refugiados y migrantes venezolanos en el mundo, según el Alto Comisionado de las Naciones Unidas para los Refugiados (ACNUR). La mayoría de ellos, el 86.6%, viven en Lima; y el 93.1% trabajan de manera informal, sin contratos ni protección laboral.

Y a continuación explicó:

-La falta de estabilidad laboral convierte a la comunidad venezolana en Perú en especialmente vulnerable a los impactos económicos y de salud de la pandemia de covid-19. Gastan lo que ganan al día en costear el alojamiento en un hostal en el que pasan la noche, y con el cierre de actividades del país debido a la cuarentena, son muchos los que se han quedado en la calle porque ya no pueden pagar la renta. Su condición de extranjeros sin ingresos e informales, además, les dificulta el acceso al ya de por si precario de sistema de salud peruano.

Otros ejemplos:

-Alejandro Cepeda (29 años) y su esposa, Jessica Oviedo (27 años), esperan en la avenida Abancay, en el Centro de Lima, el autobús que los llevará hasta el distrito de San Juan de Lurigancho.

Llevan consigo sus escasas pertenencias. Ellos fueron desalojados de la habitación que alquilaban por 15 soles (cuatro euros) al día. Antes de la pandemia de la covid-19, Alejandro trabajaba limpiando parabrisas en los semáforos, pero el inicio de la cuarentena hizo que tuviera que dejar de hacerlo. Jessica, por su parte, trabajaba en un restaurante y está embarazada de dos meses.

Sin ningún tipo de ingresos, este colectivo subsiste gracias a la ayuda que recibe de diferentes parroquias situadas en el centro de Lima. La ONG Remar, por ejemplo, reparte cada día una media de 300 almuerzos diarios y la cifra sigue creciendo. A primera hora de la mañana son muchos los venezolanos que hacen su cola para recibir alimentos junto a un grupo de peruanos que están en la misma situación, y aunque no forman parte de ninguna estadística oficial, todos los organismos de ayuda humanitaria que trabajan con ellos coinciden en afirmar que el número se ha incrementado exponencialmente desde el inicio de la pandemia.

Andrés Mendoza y su esposa, Yoli de Mendoza, junto a sus mellizos Alexander y Jeremías, de un año y nacidos en Lima. La familia vivía en Argentina, pero decidió regresar a Venezuela al no encontrar en su nuevo país las condiciones de vida que buscaban. La cuarentena les atrapó cuando atravesaban Perú de regreso a Caracas, motivo por el que tuvieron que quedarse en la habitación que alquila la madre de Yoli en Lima. Ambos han perdido los pasaportes, ya no tienen ahorros y sobreviven gracias a la comida que reciben de las parroquias del centro de la ciudad.

La fuente igualmente precisó:

-Los migrantes venezolanos en Perú son los grandes ausentes de la agenda social. Al no ser peruanos no reciben el bono social de 760 soles (aproximadamente 200 euros) que el Estado otorga a las familias vulnerables que no pueden salir a trabajar por el estado de emergencia nacional y la situación de excepción relativa al brote de covid-19 que desde el 16 de marzo comprende cuarentena, suspensión de actividades laborales y escolares, cierre de fronteras y toque de queda. Como venezolanos tampoco reciben ningún tipo de atención por parte de la embajada de Venezuela en Perú.

Alberto Mendoza (30 años) llegó hace año y medio a Perú y trabajaba haciendo las labores de limpieza de un local de la avenida Abancay, hasta que con la cuarentena perdió su trabajo. Al no tener dinero para pagar su cuarto tuvo que abandonarlo y ahora duerme en la calle. Desde que el 16 de marzo comenzara el Estado de Emergencia en Perú, la ONG Remar reparte, de lunes a sábado, unas 800 raciones de comida a peruanos y venezolanos en situación de indigencia.

Frednaida Pérez (20 años), su hijo y su amiga Ruby regresan a casa con la comida que recibieron de Remar. Ambas llevan en Perú dos años y cuatro meses, son madres solteras y comparten un cuarto alquilado en el distrito de La Victoria, en Lima. Las dos vendían aguas y bebidas gaseosas en la calle, pero tuvieron que dejar de trabajar con el inicio de la cuarentena. Al no tener ingresos con los que pagar su alquiler el dueño de la habitación quiere echarlas a la calle.

Más casos.

Javier Navea trabajaba en una llantería, pero lo despidieron cuando se inició el aislamiento obligatorio. Él relata con tristeza la xenofobia que ha sentido desde que llegó al país y, por ese motivo, ha pensado regresar a Venezuela cuando termine la pandemia y abran de nuevo las fronteras.

## DELCY RODRÍGUEZ CONSIDERA UNA AMENAZA PARA EL PAÍS EL REGRESO DE MIGRANTES

El 8 de junio de 2020 la vicepresidente ejecutiva de la narcodictadura, Delcy Rodríguez, aseguró a Venezolana de Televisión, que la actual amenaza de Venezuela es el regreso de los migrantes refiriéndose a la pandemia del coronavirus.

Según reportó El Nacional, con información del portal 800 Noticias, la alta funcionaria del chavismo aseveró durante el despliegue de seguridad ante el inicio de la cuarentena por siete días. que en "Venezuela, hoy su amenaza es el regreso de nuestros migrantes que huyendo de la xenofobia vienen con esas mismas curvas de contagio que existen en estos países".

De igual modo, instó a la población a evitar aglomeraciones y usar la mascarilla en todo momento.

Por otro lado, el entonces presidente de Colombia, Iván Duque, aseguró que el régimen de Nicolás Maduro intenta limitar el retorno de los venezolanos.

Además, el entonces secretario de la Gobernación del Estado Zulia, Lisandro Cabello, aseguró en mayo que "toda persona que viole el sistema migratorio e ingrese en el país será considerada arma biológica y encarcelada.

El Nacional igualmente destacó que Delcy Rodríguez, en sus reportes sobre los casos de covid-19 en el país también señala a los migrantes venezolanos que retornan al país como los responsables del brote de coronavirus en el territorio nacional.

-No es justo –afirmó- que vengan del exterior a contagiar a nuestro pueblo. Entran por trochas informarles saltándose todos los protocolos de prevención y de ingreso a nuestro país.

Asimismo, el lunes 29 de ese mes y año el diario La Nación, de San Cristóbal, la detención, en la zona de frontera tachirense, por efectivos de la Guardia Nacional, de 34 connacionales. La razón: ingresar de manera ilegal al país, a través de trochas.

## EL AUTOR

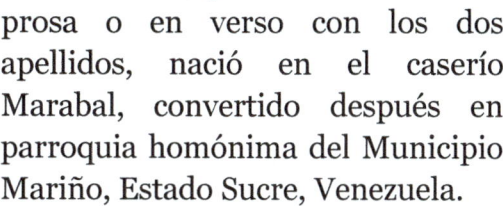

Eladio Rodulfo González, quien firma su obra en prosa o en verso con los dos apellidos, nació en el caserío Marabal, convertido después en parroquia homónima del Municipio Mariño, Estado Sucre, Venezuela.

Su nacimiento se produjo el 18 de febrero de 1935. Es licenciado en Periodismo de la Universidad Central de Venezuela, trabajador social, poeta e investigador cultural.

En los primeros años de su vida fue dependiente en la bodega del padre, obrero petrolero de la empresa Creole Petroleum Corporation en Lagunillas, Estado Zulia, localidad donde inició el bachillerato en el Colegio Santa Rosa de Lima, que continuó en los liceos Alcázar y Juan Vicente González y la Escuela Nacional de Trabajo Social, ambas instituciones situadas en Caracas. También fue cofundador de la División de Menores del extinto Cuerpo Técnico de Policía Judicial y de la Seccional Nueva Esparta del Colegio Nacional de Periodistas, donde integró el directorio en varias secretarías y además presidió el Instituto de Previsión Social del Periodista.

En la extinta Escuela de Periodismo de la Universidad Central de Venezuela, transformada en Escuela de Comunicación Social después, el 9 de octubre de 1969 obtuvo el título de licenciado en Periodismo. Más tarde realizó un posgrado en Administración Pública, mención Organización y

Métodos, y un curso de Investigación de Investigación Cultural. Asimismo, hizo cursos policiales en Washington, D.C. y en Fort Bragg, Carolina del Norte.

Ha publicado los siguientes libros:

I. Prosa

-La desaparición de menores en Venezuela, citado por Julio Cortázar en La vuelta al día en 80 mundos.

-Los problemas alimentarios del menor venezolano.

-El Padre Gabriel.

-Colaboradores y colaboradoras del gobernador.

-Margarita Moderna.

-Siempre Narváez.

-Margarita y sus personajes (5 vols.)

-Caracas sí es gobernable.

-Así se transformó Margarita.

-Breviario neoespartano.

-Patrimonio Cultural Mariñense.

-Festividades Patronales Mariñenses

-Manifestaciones culturales populares del Municipio Marcano.

-Festividades patronales del Municipio Villalba.

-Festividades patronales del Municipio Antolín del Campo.

-Manifestaciones culturales populares del Municipio Gómez.

-La mujer margariteña.

-Manifestaciones culturales populares de la Isla de Coche.

-El asesinato de Óscar Pérez

-El asesinato del Capitán de Corbeta Rafael Acosta Arévalo.

-El asesinato de Fernando Albán.

-Festividades Navideñas.

-Morel: Política y Gobierno.

-Niños maltratados.

-El deterioro de la salud en el socialismo del siglo XXI.

-Dos localidades del Estado Sucre.

-Háblame de Pedro Luis.

-Estado Nueva Esparta 1990-1994.

-Chávez no fue bolivariano.

-Rómulo Betancourt: Más de medio siglo de historia.

-Los ojos apagados de Rufo.

-Festividades patronales del Estado Nueva Esparta.

-La Hemeroteca Loca (6 volúmenes).

-Nuestra Señora de Los Ángeles, patrona de Los Millanes.

-Pelea de gallos.

-El gallo en el arte, la literatura y la cultura popular.

cicune.org

-Carlos Mata: luchador social.

-Vida y obra de Jesús Manuel Subero.

-Breviario Neoespartano.

-Cuatro periodistas margariteños.

-Francisco Lárez Granado El Poeta del Mar.

-Textos periodísticos escogidos (2 vols.).

-Cristo en la devoción religiosa católica neoespartana.

-La historia de Acción Democrática en tres reportajes periodísticos.

-La Virgen María en la devoción religiosa de Margarita y Coche.

-Festividades patronales del Municipio García del Estado Nueva Esparta, Venezuela.

-La guerra del dictador Nicolás Maduro contra comunicadores sociales y medios desde enero hasta mayo de 2018.

-La Quema del Año Viejo en América Latina.

-La Quema de Judas en Venezuela, 2013-2014.

-La Quema de Judas en Venezuela.

-La Quema de Judas en Venezuela, 2015.

-La Quema de Judas en Venezuela, 2016.

-La Quema de Judas en Venezuela (2017-2018).

-Catorce años de periodismo margariteño.

-Grandes compositores del bolero.

-Grandes intérpretes del bolero.

-El Bolero en América Latina.

cicune.org

-El Bolero en Venezuela.

-La guerra asimétrica del dictador Hugo Chávez contra comunicadores sociales y medios desde 1999 hasta 2003.

-La guerra asimétrica del dictador Hugo Chávez contra comunicadores sociales y medios 2004.

-La guerra asimétrica del dictador Hugo Chávez contra comunicadores sociales y medios 2005.

-La guerra asimétrica del dictador Hugo Chávez contra comunicadores sociales y medios 2006.

-La guerra asimétrica del dictador Hugo Chávez contra comunicadores sociales y medios 2007.

-La guerra asimétrica del dictador Hugo Chávez contra comunicadores sociales y medios 2008.

-La guerra asimétrica del dictador Hugo Chávez contra comunicadores sociales y medios 2009.

-Imprenta y Periodismo en Costa Rica.

-Gobernadores contemporáneos del Estado Nueva Esparta.

-Marabal de mis amores.

-Hemeroteca: Periodismo Moderno neoespartano.

-Historia de los primeros periódicos de América Latina.

-La libertad de prensa en Venezuela.

Los indígenas en el socialismo del siglo XXI.

La corrupción en el socialismo del siglo XXI (3 volúmenes).

cicune.org

Los presos del narcodictador Nicolás Maduro (4 volúmenes).

Morir en el socialismo del siglo XXI (5 volúmenes)

La Barbarie Represiva de la Narcodictadura de Nicolás Maduro (5 Volúmenes)

La Diáspora en el Socialismo del Siglo XXI, Tomos I y II

II. Poesía

Antología Poética.

Elegía a Juan Ramón Jiménez, ganador de un premio nacional de poesía convocado por el Liceo Andrés Bello, de Caracas

Covacha de sueños.

- ¡Cómo dueles, Venezuela!

-A Briceida en Australia (tríptico).

-Elevación (tríptico).

-Divagaciones (tríptico).

-Nostalgia (tríptico).

-Entre sueños.

-Mosaicos Líricos.

-Elegía a mi hermana Alcides.

-Cien sonetillos.

-Alegría y tristeza.

-Encuentros y Extravíos.

-Ofrenda Lírica a Briceida.

-Guarumal.

-Primera Antología de poemas comentados y destacados.

-Segunda Antología de poemas comentados y destacados.

-Tercera Antología de poemas comentados y destacados.

-Brevedades Líricas.

-Cuarta Antología de poemas comentados y destacados.

-Poemas disparatados.

-La niña de Marabal.

-La niña de El Samán.

-Añoranza y otros poemas escogidos.

-Incógnita.

-Noche y otros poemas breves.

-Mis mejores poemas.

-Cuitas a la amada.

-Poesía Política.

-Poemas Políticos.

Página Web: cicune.org
Twitter: @mauritoydaniel
Email: cicune@gmail.com

**Donde conseguir sus libros:**

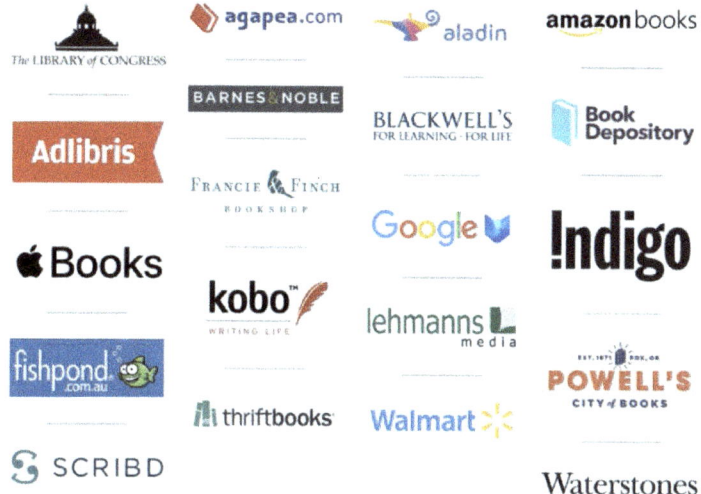

- Barnes & Noble: http://bit.ly/3XDrZ9V
- Amazon Books: https://amzn.to/3HgtxBC
- Apple Books: https://apple.co/3GTcOT8
- Google Books: http://bit.ly/3HdAB1z
- Agapea: http://bit.ly/3GPIuJo
- Aladin: http://bit.ly/3iHcz5T
- Adlibris: http://bit.ly/3kqL9BJ
- Blackwell's: http://bit.ly/3XmE0PM
- Book Depository: http://bit.ly/3WeRai0
- Indigo: http://bit.ly/3wapEY0
- Fishpond: http://bit.ly/3GT9PKH
- Kobo: http://bit.ly/3iKsVdZ

- Lehmanns: http://bit.ly/3w9X3CD
- Powell's: http://bit.ly/3GK9Znw
- Scribd: http://bit.ly/3IVVuQc
- Thriftbooks: http://bit.ly/3GS0Agz
- Walmart: http://bit.ly/3CWBby6
- Waterstones: http://bit.ly/3Wn0RLc
- CICUNE: cicune.org

## Otras publicaciones del Autor

### Añoranza y otros poemas

En este breve libro, que no breviario, cabalgan hermanadas la poesía japonesa occidentalizada, vale decir el haiku y el senryu, que en apenas diecisiete silabas divididas en tres versos sin rima expresa diversos sentimientos; la glosa, el soneto, el madrigal y el poema libre, realengo, que no atiende las estrictas normas de la métrica.

Cabalgan también cómodamente, en su carruaje poético, los recuerdos únicos de la tierra que me vio nacer, Marabal, donde quedó sembrado mi espíritu y que muchas veces visito en sueños, repetitivos, de añoranza, de arrepentimiento por el abandono, de llanto conmovedor.

### Festividades Patronales del Estado Nueva Esparta

Las festividades patronales constituyen una importante herramienta para el fortalecimiento de la religiosidad católica, el reencuentro de quienes se han ido a otros lares con sus pueblos natales y la promoción de los valores de solidaridad familiar

cicune.org

y social, de las manifestaciones culturales populares y de amor al ámbito geográfico donde se realizan.

## La Corrupción en el Socialismo del Siglo XXI

Al socialismo del siglo XXI, ese mamotreto político creado por el teniente coronel (r) Hugo Chávez Frías para hipnotizar a las masas desencantadas de los gobiernos de Acción Democrática y Copei, que pendularmente se turnaban en el poder cada cinco años, se le endilgó el calificativo de bolivariano, doctrina de la que estaba bien distante, a la luz de la gestión gubernamental de dicho comandante y su sucesor, el narcodictador Nicolás Maduro, un exconductor del Metro de Caracas, con fama de reposero y sin formación académica, crueles ambos y corruptos pasivos y activos, no aptos para gerenciar el país y sumisos de la tiranía cubana de los hermanos Fidel y Raúl Castro.

www.ingramcontent.com/pod-product-compliance
Lightning Source LLC
LaVergne TN
LVHW021958060526
838201LV00048B/1610